Thomas Int-Veen, Hans Perczynski, Siegfried Platz, Markus Stang

Strukturwissen Wirtschafts- und Sozialkunde

Begriffe, Übersichten, Zusammenhänge

1. Auflage

Bestellnummer 30310

Bildungsverlag EINS

Haben Sie Anregungen oder Kritikpunkte zu diesem Produkt?
Dann senden Sie eine E-Mail an 30310_001@bv-1.de
Autoren und Verlag freuen sich auf Ihre Rückmeldung.

www.bildungsverlag1.de

Bildungsverlag EINS GmbH
Sieglarer Straße 2, 53842 Troisdorf

ISBN 978-3-427-**30310**-7

Vorwort

Das Strukturwissen Wirtschafts- und Sozialkunde ist eine knappe und übersichtliche Zusammenstellung des Basiswissens der Wirtschafts- und Sozialkunde für Bankkaufleute.

Die Darstellung benutzt vorwiegend Strukturbäume und tabellarische Darstellungen, die eine schnelle Orientierung und klare Zuordnung ermöglichen. Die Form der Darstellung soll das Lernen und das Wiederholen vor Tests und Prüfungen erleichtern. Sie erlaubt schnellen Zugriff auf alle relevanten Informationen.

Bei der Zusammenstellung des Strukturwissens haben die Autoren alle Begriffe und Zusammenhänge berücksichtigt, die junge Bankkaufleute nach den Anforderungen der Ausbildungsordnung, des Rahmenlehrplans der Berufsschulen und dem Prüfungskatalog für das Fach Wirtschafts- und Sozialkunde kennen müssen. Die Verfasser hoffen, dass das Strukturwissen Wirtschafts- und Sozialkunde eine nützliche Hilfe für Ausbildung und Aufstieg wird. Für Lehrende kann es Anregungen zur strukturierten Wissensvermittlung und -aufbereitung geben.

Die aktuelle Auflage wurde am 15. Januar 2009 abgeschlossen.

Thomas Int-Veen, Hans Perczynski, Dr. Siegfried Platz, Markus Stang

Hamburg und Hannover, im Januar 2009

Inhaltsverzeichnis

1. Kapitel: Rechtliche Rahmenbedingungen

1 Rechtsnormen

Die Bundesrepublik Deutschland ist ein Rechtsstaat. Das Handeln des Staates und seiner Organe ist an Rechtsnormen gebunden.

Rechtsnormen sind verbindliche Regeln des menschlichen Zusammenlebens. Sie gelten für alle Bürger. Ihre Durchsetzung kann vom Staat mit Sanktionen erzwungen werden.

Rechtsnormen in der Bundesrepublik Deutschland

nationales Recht

- Grundgesetz und Verfassungen der Bundesländer
- Gesetze, z. B. BGB, HGB, StGB
- Rechtsverordnungen, z. B. Verordnung über die Ausbildung zum Bankkaufmann/zur Bankkauffrau
- Satzungen

europäisches Recht

- europäische Verordnungen (gelten unmittelbar für alle Mitgliedstaaten der EU), z. B. EU-Geldtransferverordnung von 2006
- europäische Richtlinien (müssen jeweils in nationales Recht umgesetzt werden), z. B. Richtlinie über die Vorratsdatenspeicherung

internationales Recht

- internationale Konventionen, Verträge und Vereinbarungen, z. B. Genfer Konvention, Charta der Vereinten Nationen, Einheitliche Richtlinien für Dokumenteninkassi (ERI)

Die Gesamtheit aller in einem Rechtsgebiet geltenden Rechtsnormen ist die Rechtsordnung.

Rechtsquellen

gesetztes Recht

geschriebene Rechtsnormen (kodifiziertes Recht), die von dafür vorgesehenen Organen, z. B. Parlamenten, beschlossen und erlassen worden sind

Gewohnheitsrecht

ungeschriebene Rechtsnormen, die auf ständiger Übung und allgemeiner Rechtsüberzeugung beruhen

Richterrecht

Urteile des Bundesverfassungsgerichts (Ob anderen Gerichtsurteilen der Status einer Rechtsquelle zukommt, ist umstritten.)

Rechtsgebiete

öffentliches Recht

- regelt das Verhältnis zwischen Trägern der öffentlichen Gewalt und einzelnen Rechtssubjekten
- ist immer dann gegeben, wenn die betreffende Rechtsnorm einen Träger hoheitlicher Gewalt berechtigt oder verpflichtet
- umfasst außerdem alle Rechtsnormen, die die Organisation und Funktion des Staates betreffen
- Teilgebiete u. a.
  - Völkerrecht
  - Staats- und Verfassungsrecht
  - Verwaltungsrecht
  - Verfahrens- und Prozessrecht
  - Wettbewerbs- und Kartellrecht
  - Sozialrecht
  - Steuerrecht
  - Strafrecht

privates Recht

- regelt die Rechtsbeziehungen von rechtlich gleichgestellten Rechtssubjekten
- ist immer dann gegeben, wenn zwei rechtlich gleichgestellte Personen (natürliche und/oder juristische Personen) miteinander in Rechtsbeziehungen treten
- Teilgebiete u. a.
  - Bürgerliches Recht (allgemeine Grundlagen, Schuldrecht, Sachenrecht, Familienrecht, Erbrecht)
  - Handelsrecht
  - Gesellschaftsrecht
  - Arbeitsrecht
  - Wertpapierrecht

Übersicht über das Gerichtswesen

Europäischer Gerichtshof

- Streitigkeiten zwischen Mitgliedstaaten und gegenüber Organen der EU
- Prüfinstanz für die Rechtmäßigkeit europäischer Rechtsnormen

Bundesverfassungsgericht

- Klagen auf Überprüfung der Verfassungsmäßigkeit von Gesetzen und Rechtsverordnungen des Bundes
- Streitigkeiten im Zusammenhang mit dem Grundgesetz

Landesverfassungsgerichte

- Klagen auf Überprüfung der Verfassungsmäßigkeit von Gesetzen und Rechtsverordnungen des jeweiligen Bundeslandes
- Streitigkeiten im Zusammenhang mit den Verfassungen der Länder

Bundesgerichtshof

Revisionsinstanz

Bundesverwaltungsgericht | Bundesarbeitsgericht | Bundessozialgericht

Revisionsinstanz

Bundesfinanzhof

Revisionsinstanz

Oberlandesgerichte

- Zivilrecht: Berufungsinstanz gegen Urteile der Landgerichte und gegen Urteile der Amtsgerichte in Familiensachen
- Strafrecht: Revisionsinstanz gegen Urteile des Strafrichters oder Schöffengerichts (Amtsgericht), Berufungsinstanz gegen Urteile des Landgerichts

Oberverwaltungsgerichte

- Berufungsinstanz gegen Urteile der Verwaltungsgerichte
- Verfahren gegen Großprojekte

Landesarbeitsgerichte

- Berufungsinstanz

Landessozialgerichte

- Berufungsinstanz

Landgerichte

- Zivilrecht: Streitwerte über 5 000 Euro; unabhängig vom Streitwert Staatshaftungsfragen und Schadensersatzansprüche wegen fehlerhafter Kapitalmarktinformationen; Berufungsinstanz gegen Urteile der Amtsgerichte (Ausnahme: Familiensachen)
- Strafrecht: Verbrechen und schwere Vergehen mit einer Straferwartung über 4 Jahre; Berufungsinstanz gegen Urteile des Amtsgerichts

Amtsgerichte

mit Familiengericht, Vormundschaftsgericht, Nachlassgericht, Registergericht und Grundbuchamt

- Zivilrecht: vermögensrechtliche Streitsachen bis 5 000 Euro sowie alle sonstigen Streitigkeiten, z. B. Mietsachen
- Strafrecht: Bußgeldverfahren, Strafbefehlsverfahren, Verbrechen und Vergehen mit einer Straferwartung zwischen einem und 4 Jahren

Verwaltungsgerichte

- Klagen gegen die Rechtmäßigkeit von Verwaltungsakten (Voraussetzung: abgewiesener Widerspruch)

Arbeitsgerichte

- Streitigkeiten zwischen Arbeitnehmern und Arbeitgebern
- Streitigkeiten zwischen Tarifpartnern

Sozialgerichte

- Angelegenheiten des Sozialrechts, z. B. Rentenversicherung, Krankenversicherung, Arbeitsförderung

Finanzgerichte

- Streitigkeiten in Steuer- und Zollangelegenheiten
- Rechtsschutz gegen Verwaltungsakte der Finanzbehörden, z. B. Steuerbescheide

Instanzenzug: Urteil → Berufung → Revision (Finanzgerichtsbarkeit: nur Urteil → Revision)

Urteil, Berufung und Revision	
Urteil	Entscheidung eines Gerichts, mit der über eine Klage entschieden wird. Ein Urteil muss schriftlich abgefasst werden. Es enthält ein Rubrum (Aktenaufschrift), den Urteilsspruch, den Tatbestand und die Entscheidungsgründe, in einigen Verfahren auch eine Rechtsmittelbelehrung. Gegen ein Urteil sind meist Rechtsmittel zulässig. Mit Ablauf der Rechtsmittelfristen wird es rechtskräftig. Neben dem Urteil gibt es andere Formen gerichtlicher Entscheidungen, z. B. Beschlüsse, Verfügungen und Anordnungen.
Berufung	Rechtsmittel zur Überprüfung eines Urteils der Vorinstanz. Kann sowohl auf Tatsachen als auch auf Rechtsfehler gestützt werden. Das Berufungsgericht kann ggf. in eine neue Beweisaufnahme eintreten.
Revision	Rechtsmittel zur Überprüfung eines Urteils einer Vorinstanz. Kann nur auf Rechtsfehler des Urteils gestützt werden.

2 Rechtssubjekte

2.1 Natürliche und juristische Personen

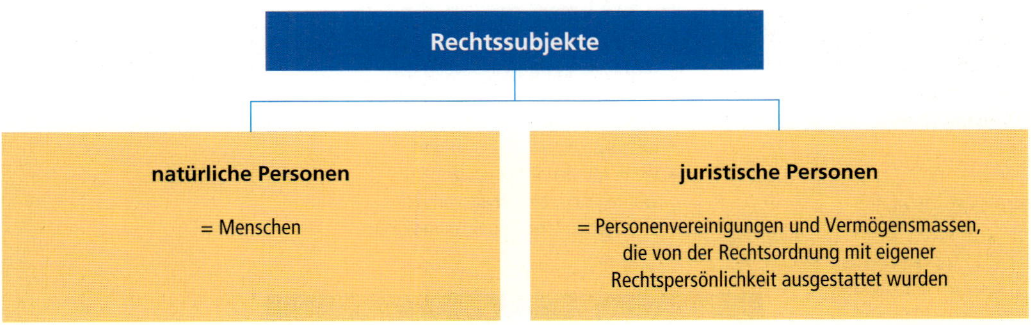

Natürliche und juristische Personen sind rechtsfähig. Sie haben einen Namen. Sie können Träger von Rechten und Pflichten sein.

2.1.1 Rechts- und Geschäftsfähigkeit natürlicher Personen

Rechtsfähigkeit ist die Fähigkeit, Träger von Rechten und Pflichten zu sein. Rechtssubjekte können z. B. Eigentümer einer Sache bzw. Gläubiger oder Schuldner einer Forderung sein. Natürliche Personen sind rechtsfähig von der Geburt bis zum Tode.

Geschäftsfähigkeit ist die Fähigkeit, durch Rechtsgeschäfte Rechte und Pflichten zu begründen. Rechtssubjekte können z. B. Kaufverträge abschließen oder Kündigungen aussprechen. Die Geschäftsfähigkeit natürlicher Personen ist grundsätzlich altersabhängig.

Geschäftsfähigkeit natürlicher Personen

Geschäftsunfähigkeit (§§ 104 + 105 BGB)

- Kinder bis zur Vollendung des 7. Lebensjahres
- Personen in einem dauerhaften Zustand krankhafter Störung der Geistestätigkeit

Geschäftsunfähige können keine rechtswirksamen Willenserklärungen abgeben. Ihre Willenserklärungen sind nichtig.
Für sie handeln ihre gesetzlichen Vertreter.

beschränkte Geschäftsfähigkeit (§§ 106–113 BGB)

- Minderjährige von der Vollendung des 7. bis zur Vollendung des 18. Lebensjahres

Beschränkt Geschäftsfähige können rechtswirksame Willenserklärungen nur abgeben, wenn die Zustimmung der gesetzlichen Vertreter vorliegt oder nachträglich erteilt wird.
Ausnahmen sind Rechtsgeschäfte,
- durch die sie ausschließlich einen rechtlichen Vorteil erlangen,
- die sie aus Mitteln bestreiten, die ihnen vom gesetzlichen Vertreter oder mit dessen Zustimmung von dritten Personen für diesen Zweck oder zur freien Verfügung überlassen wurden, z. B. Taschengeld,
- wenn Minderjährige mit gerichtlicher Zustimmung zum selbstständigen Betrieb eines Erwerbsgeschäfts berechtigt sind (sog. Handelsmündigkeit),
- wenn Minderjährige ermächtigt worden sind, ein Arbeitsverhältnis einzugehen (sog. Arbeitsmündigkeit).

unbeschränkte Geschäftsfähigkeit (§ 2 BGB)

- Personen ab Vollendung des 18. Lebensjahres

Unbeschränkt Geschäftsfähige handeln rechtlich selbstständig. Ihre Willenserklärungen sind uneingeschränkt rechtswirksam.

Gesetzliche Vertreter natürlicher Personen

Eltern

Vater und Mutter haben die Pflicht und das Recht, für das minderjährige Kind zu sorgen. Elterliche Sorge umfasst
- die Vertretung des Kindes,
- die Personensorge für das Kind,
- die Vermögenssorge für das Kind.

Vormund

wird vom Vormundschaftsgericht für nicht unter elterlicher Sorge stehende Minderjährige bestellt, z. B. wenn beide Eltern verstorben sind. Der Vormund übernimmt für das Mündel
- die Vertretung,
- die Personensorge,
- die Vermögenssorge.

Betreuer

kann vom Vormundschaftsgericht für volljährige Personen bestellt werden, die aufgrund psychischer, körperlicher oder geistiger Einschränkungen ihre Angelegenheiten ganz oder teilweise nicht allein wahrnehmen können. Der Betreute kann weiterhin rechtswirksame eigene Willenserklärungen abgeben.

Pfleger

kann vom Vormundschaftsgericht (Nachlassangelegenheiten vom Nachlassgericht) bestellt werden, wenn für bestimmte Angelegenheiten ein Fürsorge- oder Schutzbedürfnis besteht. Der Pfleger kann nur im Rahmen gerichtlich zugewiesener Aufgaben und Grenzen tätig werden.

2.1.2 Rechts- und Geschäftsfähigkeit juristischer Personen

juristische Personen

juristische Personen des öffentlichen Rechts

Körperschaften

z. B.
- Gebietskörperschaften wie
  - Bundesrepublik Deutschland
  - Freie und Hansestadt Hamburg
- andere Körperschaften wie z. B.
  - Universitäten
  - Industrie- und Handelskammern

Anstalten

z. B.
- Deutsche Bundesbank
- Rundfunkanstalten
- öffentlich-rechtliche Sparkassen

Stiftungen

z. B.
- Stiftung Preußischer Kulturbesitz

juristische Personen des privaten Rechts

Personenvereinigungen

z. B.
- Aktiengesellschaften (AG)
- Europäische Gesellschaften (SE)
- Gesellschaften mit beschränkter Haftung (GmbH)
- Genossenschaften (eG)
- eingetragene Vereine (e. V.)
- Anstalten

Vermögensmassen

z. B.
- Stiftungen des privaten Rechts

Juristische Personen sind rechtsfähig. Sie handeln durch ihre Organe (organschaftliche oder gesetzliche Vertretung).

Organe juristischer Personen des privaten Rechts

Organ der Eigentümer (Gesellschafter)

Aufgaben:
- Wahl des Kontrollorgans
- Beschlussfassung in den durch Gesetz und Satzung bestimmten Angelegenheiten, z. B. Entscheidung über die Gewinnverwendung

Geschäftsführungs- und Vertretungsorgan

Aufgaben:
- Leitung des Unternehmens
- Vertretung des Unternehmens gerichtlich und außergerichtlich

Kontrollorgan

Aufgaben:
- Kontrolle der Geschäftsführung
- Beratung der Geschäftsführung bei grundlegenden Entscheidungen der Geschäftspolitik
- Bestellung und Entlassung der Mitglieder des Geschäftsführungs- und Vertretungsorgans

Beispiele:

	Organ der Eigentümer (Gesellschafter)	Geschäftsführungs- und Vertretungsorgan	Kontrollorgan
AG	Hauptversammlung	Vorstand	Aufsichtsrat
GmbH	Gesellschafterversammlung	Geschäftsführer	Aufsichtsrat
eG	Generalversammlung	Vorstand	Aufsichtsrat

Formen organschaftlicher Vertretung

Einzelvertretung

Ein Mitglied des Geschäftsführungs- und Vertretungsorgans vertritt die Gesellschaft allein.

Gesamtvertretung

Alle oder mehrere Mitglieder des Geschäftsführungs- und Vertretungsorgans sind nur gemeinschaftlich zur Vertretung berechtigt.

unechte Gesamtvertretung

Ein Mitglied des Geschäftsführungs- und Vertretungsorgans ist gemeinsam mit einem Prokuristen zur Vertretung berechtigt.

2.2 Unternehmen als Rechtssubjekte

Unternehmer, Kaufmann, Firma, Handelsregister, Unternehmensregister	
Unternehmer	Unternehmer ist eine natürliche oder juristische Person oder eine rechtsfähige Gesellschaft, die bei Abschluss eines Rechtsgeschäfts in Ausübung ihrer gewerblichen oder selbstständigen beruflichen Tätigkeit handelt (§ 14 Abs. 1 BGB).
Kaufmann	Kaufmann ist, wer ein Handelsgewerbe betreibt (§ 1 HGB). Für Kaufleute gilt Handelsrecht. Jeder Kaufmann ist verpflichtet, sich im Handelsregister eintragen zu lassen.
Handelsgewerbe	Ein Handelsgewerbe ist jeder Geschäftsbetrieb, der einen in kaufmännischer Weise eingerichteten Geschäftsbetrieb erfordert. Ein Gewerbebetrieb muss folgende Voraussetzungen erfüllen: Selbstständigkeit, Nachhaltigkeit der Betätigung, Absicht der Gewinnerzielung, Beteiligung am allgemeinen wirtschaftlichen Verkehr.
Firma	Die Firma ist der Name, unter dem der Kaufmann seine Geschäfte betreibt und seine Unterschrift abgibt. Unter seiner Firma kann ein Kaufmann klagen und verklagt werden.
Handelsregister	Das Handelsregister ist ein Verzeichnis der Kaufleute. Es unterrichtet die Öffentlichkeit über Rechtsverhältnisse und andere für den Geschäftsverkehr wichtige Tatbestände eines Unternehmens. Eingetragene und veröffentlichte Tatbestände können gegenüber jedermann geltend gemacht werden (öffentlicher Glaube des Handelsregisters).
Unternehmensregister	Elektronisch geführtes Register mit den wesentlichen publikationspflichtigen Daten aller Unternehmen, z. B. Eintragungen und Bekanntmachungen im Handels-, Genossenschafts- und Partnerschaftsregister.

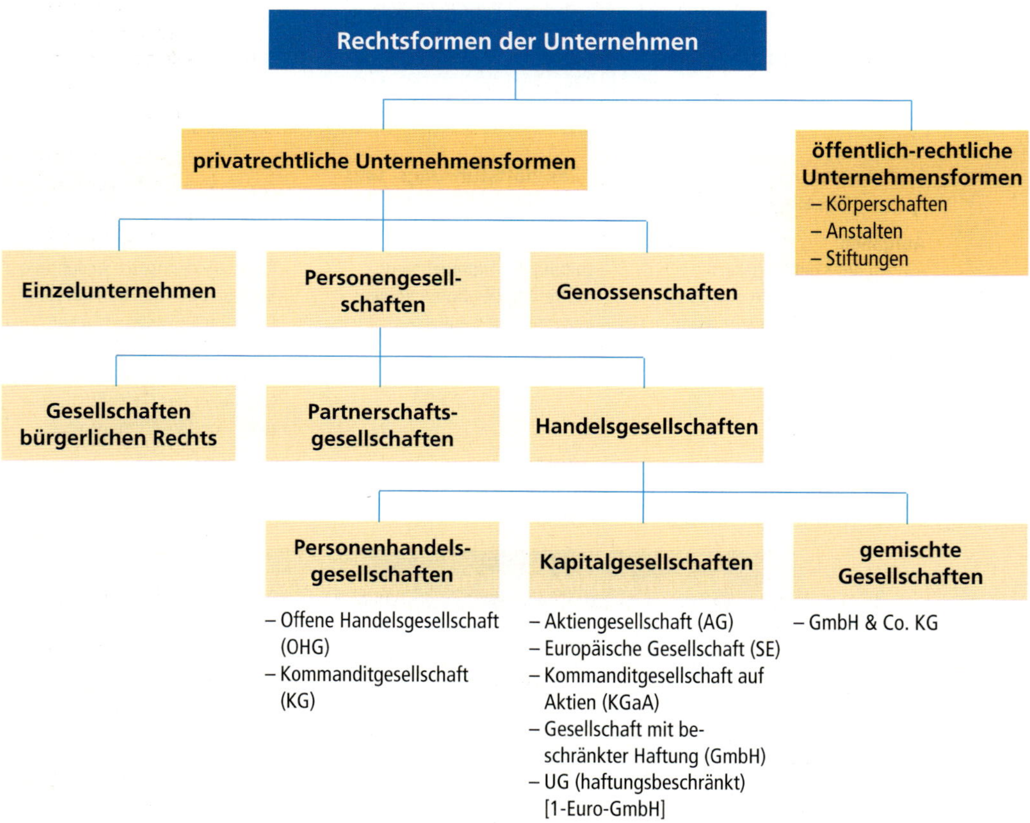

Vergleich ausgewählter Unternehmensformen

	Besonderheiten/ Firma	Aufbringung des Eigenkapitals	Geschäftsführung und Vertretung	Haftung
Einzelunternehmen (eingetragener Kaufmann/ Kauffrau)	Firma führt den Zusatz eingetragener Kaufmann (e. K.) oder eingetragene Kauffrau (e. Kfr.). Inhaber führt die Firma allein.	Inhaber	Inhaber	Inhaber trägt das Risiko allein und haftet unbeschränkt und unmittelbar mit seinem gesamten Vermögen.
Offene Handelsgesellschaft	Zusammenschluss von zwei oder mehr Kaufleuten zum gemeinsamen Betrieb eines Handelsgewerbes, Firmenzusatz OHG	Gesellschafter	Jeder Gesellschafter ist zur Geschäftsführung und Vertretung berechtigt und verpflichtet.	Jeder Gesellschafter haftet – unbeschränkt, d. h. mit seinem Privatvermögen, – unmittelbar und – gesamtschuldnerisch, d. h. für die gesamten Schulden der Gesellschaft.
Kommanditgesellschaft	wie OHG Zusammenschluss zum Betrieb eines Handelsgewerbes, Firmenzusatz KG	– Komplementär (persönlich haftender Gesellschafter) – Kommanditist (Teilhafter, nur vereinbarte Einlage)	Komplementär	– Komplementäre haften unbeschränkt, unmittelbar und gesamtschuldnerisch. – Kommanditisten haften nur mit ihrer Einlage.
Aktiengesellschaft	Gesellschaft mit eigener Rechtspersönlichkeit Grundkapital wird durch Ausgabe von Aktien aufgebracht. Firmenzusatz AG	Aktionäre durch Erwerb von Aktien bei Erstausgabe (Mindestnennbetrag einer Aktie 1 Euro oder nennwertlose Stückaktie, die einen Bruchteil am Grundkapital verkörpert)	Vorstand	Gesellschaftsvermögen der Aktiengesellschaft (keine persönliche Haftung der Aktionäre)
Gesellschaft mit beschränkter Haftung Sonderform: UG (haftungsbeschränkt)	Gesellschaft mit eigener Rechtspersönlichkeit, Firmenzusatz – GmbH – UG (haftungsbeschränkt)	Gesellschafter durch Stammeinlagen	Geschäftsführer	Gesellschaftsvermögen der GmbH
Genossenschaft	Betrieb zur Förderung des Erwerbs, der Wirtschaft und sozialen Belange ihrer Mitglieder mittels gemeinschaftlichen Geschäftsbetriebs, Firmenzusatz eG	Mitglieder durch Zeichnung und Einzahlung von Geschäftsanteilen	Vorstand	Vermögen der Genossenschaft

2.3 Vollmachten

Die **Vollmacht ermächtigt den Bevollmächtigten, Rechtsgeschäfte im Namen und für Rechnung des Vollmachtgebers vorzunehmen**. Eine Willenserklärung, die jemand im Rahmen einer ihm erteilten Vollmacht im Namen des Vertretenen abgibt, wirkt unmittelbar für und gegen den Vertretenen.

Ein **Bote übermittelt** – im Unterschied zum Bevollmächtigten – nur eine **fremde Willenserklärung**.

Arten der Vollmacht

Vollmachten nach BGB			Vollmachten nach HGB	
Spezialvollmacht	**Gattungs- oder Artvollmacht**	**Generalvollmacht**	**Prokura (§ 48 f. HGB)**	**Handlungsvollmacht (§ 54 HGB)**
Spezialvollmacht bezieht sich auf ein bestimmtes einzelnes Rechtsgeschäft, z. B. Abschluss eines Kaufvertrags über eine bestimmte Sache.	Artvollmacht ermächtigt zum Abschluss bestimmter Arten von Rechtsgeschäften, z. B. Bankvollmacht für den Abschluss aller Bankgeschäfte im Namen des Vollmachtgebers.	Generalvollmacht berechtigt zum Abschluss aller Rechtsgeschäfte im Namen des Vollmachtgebers, sofern gesetzlich nicht ausgeschlossen, z. B. Testament.	Prokura ermächtigt zu **allen Arten von gerichtlichen und außergerichtlichen Geschäften und Rechtshandlungen**, die der Betrieb eines Handelsgewerbes mit sich bringt. Ermächtigung zur Veräußerung und Belastung von Grundstücken muss gesondert erteilt werden. Wird im Handelsregister eingetragen.	Handlungsvollmacht ermächtigt zur Vornahme aller oder bestimmter Geschäfte und Rechtshandlungen, die der Betrieb eines Handelsgewerbes **gewöhnlich** mit sich bringt. Kann als Spezial-, Art- oder Generalvollmacht erteilt werden. Ermächtigung zur Veräußerung und Belastung von Grundstücken, zur Aufnahme von Darlehen und zur Prozessführung muss gesondert erteilt werden. Wird **nicht** im Handelsregister eingetragen.

3 Rechtsobjekte

Rechtsobjekte (Rechtsgegenstände)

Sachen		Rechte	
bewegliche Sachen (Mobilien)	**unbewegliche Sachen (Immobilien)**	**absolute Rechte**	**relative Rechte**
alle Gegenstände, die nicht Grundstücke, grundstücksgleiche Rechte oder Grundstückszubehör sind	Grundstücke einschließlich Gebäude	wirken gegen jedermann Beispiele: – Eigentumsrechte – Namensrechte – Patentrechte	wirken nur zwischen den Beteiligten Beispiele: – Forderungsrechte – Ansprüche aus einem Lizenzvertrag

Sachen und Rechte können nicht selbst Träger von Rechten und Pflichten sein. An ihnen bestehen Rechte.

Eigentum und Besitz	
Eigentum	Rechtliche Herrschaft über eine Sache: Der Eigentümer einer Sache kann, soweit nicht das Gesetz oder Rechte Dritter entgegenstehen, mit der Sache nach Belieben verfahren und andere von jeder Einwirkung ausschließen (§ 903 BGB).
Besitz	tatsächliche Herrschaft über eine Sache

Formen des Eigentums

Alleineigentum
einer Einzelperson

gemeinschaftliches Eigentum
mehrerer Personen

- **Bruchteilseigentum:** Das Eigentum steht jedem Miteigentümer anteilig zu. Jeder Miteigentümer kann allein über seinen ideellen Anteil verfügen.
- **Eigentum zur gesamten Hand:** Das Eigentum steht allen Miteigentümern gemeinschaftlich zu. Sie können nur gemeinschaftlich verfügen.

Eigentumsübertragung	
Übertragung des Eigentums an beweglichen Sachen	
Die Sache wird dem neuen Eigentümer vom bisherigen Eigentümer übergeben.	**Einigung über den Eigentumsübergang** **+ Übergabe der Sache**
Die Sache befindet sich bereits im Besitz des künftigen Eigentümers.	**Einigung**
Die Sache soll im Besitz des bisherigen Eigentümers bleiben.	**Einigung** **+ Besitzkonstitut** (Besitzkonstitut = Vereinbarung, dass der neue Eigentümer mittelbarer Besitzer wird, der bisherige Eigentümer unmittelbarer Besitzer bleibt)
Die Sache befindet sich bei einem Dritten, z. B. bei einem Lagerhalter.	**Einigung** **+ Abtretung des Herausgabeanspruchs**
Übertragung des Eigentums an unbeweglichen Sachen (Grundstücken)	
	Auflassung **+ Eintragung des Eigentümerwechsels im Grundbuch** (Auflassung = Einigung zwischen bisherigem und neuem Eigentümer über den Eigentumsübergang an einem Grundstück oder einem Gebäude. Sie muss notariell beurkundet werden.)

Forderungen und andere Rechte werden durch **Abtretung (Zession)** übertragen.

4 Rechtsgeschäfte

4.1 Willenserklärungen

Willenserklärungen sind Äußerungen eines Erklärenden, **die auf die Herbeiführung eines rechtlichen Erfolgs hinzielen.**

Willenserklärung

ausdrückliche Willenserklärung

Beispiele:
- Abgabe der Erklärung durch Sprache (Wort)
- Abgabe der Erklärung in Schriftform, z. B. Brief
- Abgabe der Erklärung auf elektronischem Wege, z. B. E-Mail

Willenserklärung durch schlüssiges Verhalten
(konkludentes Handeln)

Beispiele:
- Einsteigen in ein Beförderungsmittel (= Willenserklärung zum Abschluss eines Beförderungsvertrages)
- Einwurf einer Geldmünze in einen Warenautomaten (= Willenserklärung zum Abschluss eines Kaufvertrages)
- Heben des Armes in einer Auktion (= Willenserklärung zum Mitbieten)

4.2 Arten von Rechtsgeschäften

Rechtsgeschäfte

einseitige Rechtsgeschäfte
Nur eine Person muss ihren Willen erklären.

empfangsbedürftig

Willenserklärung setzt Empfänger voraus. Sie wird wirksam, wenn sie ihren Empfänger erreicht.

Beispiele:
- Kündigung
- Anfechtung
- Vollmachterteilung
- Anerkennung der Vaterschaft
- Widerruf

nicht empfangsbedürftig

Willenserklärung wird wirksam, wenn sie rechtsgültig geäußert wird.

Beispiele:
- Testament
- Auslobung
- Eigentumsaufgabe

zwei- oder mehrseitige Rechtsgeschäfte (= Verträge)
Zwei oder mehrere Personen müssen übereinstimmende Willenserklärungen abgeben.

einseitig verpflichtend

Nur ein Vertragspartner übernimmt Pflichten.

Beispiele:
- Schenkungsvertrag
- Bürgschaftsvertrag
- Erbvertrag

gegenseitig verpflichtend

Beide bzw. mehrere Vertragspartner übernehmen Pflichten.

Beispiele:
- Kaufvertrag
- Mietvertrag
- Darlehensvertrag
- Geschäftsbesorgungsvertrag

Rechtsgeschäfte nach ihren Wirkungen

Verpflichtungsgeschäfte	Erfüllungsgeschäfte
verpflichten Vertragsparteien zur Erbringung bestimmter Leistungen	begründen Rechte
Beispiel: Abschluss eines Kaufvertrags	Beispiel: Übertragung des Eigentums an einer gekauften Sache

4.3 Kaufvertrag

Durch einen Kaufvertrag wird der Verkäufer einer Sache verpflichtet, dem Käufer die Sache zu übergeben und das Eigentum an der Sache zu verschaffen. Der Käufer ist verpflichtet, dem Verkäufer den vereinbarten Kaufpreis zu zahlen und die gekaufte Sache abzunehmen.

4.3.1 Zustandekommen des Kaufvertrags

Beispiel für das Zustandekommen eines Kaufvertrags

Der Kaufvertrag kommt durch zwei inhaltlich übereinstimmende Willenserklärungen zustande. Die erste Willenserklärung ist stets der Antrag, die zweite Willenserklärung ist stets die Annahme.

Merkmale von Antrag und Annahme bei einem Kaufvertrag	
Antrag (Angebot)	– Der Antrag (Angebot) kann vom Käufer oder vom Verkäufer ausgehen. – Der Antrag muss an einen bestimmten Erklärungsgegner gerichtet sein und diesem zugehen. – Der Anbietende ist nach Zugang des Antrags beim Erklärungsgegner an sein Angebot gebunden. – Die Bindung an das Angebot kann durch einen Zusatz „Angebot freibleibend" ausgeschlossen werden. – Schaufensterauslagen, Zeitungsanzeigen sind keine Angebote. Sie haben nur Aufforderungscharakter zur Abgabe eines Angebots. – Das Angebot erlischt • bei rechtzeitigem Widerruf, • nach Ablauf einer gesetzlichen Frist.
Annahme	– Die Annahme kann vom Käufer oder vom Verkäufer ausgehen. – Die Annahme des Angebots muss dem Anbietenden zugehen. – Die Annahme muss rechtzeitig erklärt werden. – Enthält die Annahmeerklärung Abänderungen, gilt sie als Ablehnung, verbunden mit einem neuen Angebot.

Verpflichtungsgeschäft und Erfüllungsgeschäft

Käufer

verpflichtet sich
- zur Zahlung des vereinbarten Kaufpreises
- zur Abnahme der gekauften Sache

Abschluss des Kaufvertrages

= Verpflichtungsgeschäft

Verkäufer

verpflichtet sich
- zur mängelfreien Lieferung der verkauften Sache
- zur Verschaffung des Eigentums

Käufer

Erfüllung der im Kaufvertrag übernommenen Verpflichtungen

= Erfüllungsgeschäft

übergibt die gekaufte Sache und verschafft dem Käufer das Eigentum daran

zahlt den Kaufpreis

Verkäufer

Das Erfüllungsgeschäft (Kaufpreiszahlung, Übereignung der Ware) bleibt rechtlich bestehen, wenn das Verpflichtungsgeschäft (Kaufvertrag) unwirksam sein sollte. Es kommt dann über ungerechtfertigte Bereicherung zur Rückabwicklung:
- Der Käufer hat Anspruch auf Rückzahlung des Kaufpreises.
- Der Verkäufer hat Anspruch auf Rückübereignung der gelieferten Ware.

4.3.2 Erfüllung des Kaufvertrags

Der Kaufvertrag wird erfüllt, wenn Käufer und Verkäufer die vereinbarte Leistung erbringen, d. h., wenn
- der Käufer den vereinbarten Kaufpreis bezahlt und
- der Verkäufer den Kaufgegenstand übergibt und das Eigentum daran überträgt.

Ort und Zeitpunkt der Leistung	
Erfüllungsort	– Der Erfüllungsort ist • Ort des Gefahrenübergangs, • Ort des Kostenübergangs, • Ort des Gerichts für den Streitfall (Gerichtsstand). – Erfüllungsort für die Warenschuld ist der Ort des Verkäufers. – Erfüllungsort für die Geldschuld ist der Ort des Käufers.
Zeitpunkt der Leistung	– Wenn im Vertrag kein Leistungszeitpunkt festgelegt ist oder sich der Zeitpunkt der Leistungserbringung nicht aus den Umständen ergibt, kann der Gläubiger die Leistung sofort fordern und der Schuldner die Leistung sofort erbringen. – Wenn ein Leistungszeitpunkt festgelegt ist, gilt, dass • der Gläubiger die Leistung nicht vor diesem Zeitpunkt fordern und • der Schuldner die Leistung nicht vorher erbringen darf.

4.3.3 Störungen bei der Erfüllung des Kaufvertrags

Störungen bei der Erfüllung des Kaufvertrags entstehen, wenn Käufer oder Verkäufer übernommene Pflichten nicht vertragsgemäß erfüllen.

Störungen bei Erfüllung des Kaufvertrags

- **Störungen aufseiten des Verkäufers**
  - **mangelhafte Lieferung**: Die gelieferte Kaufsache ist mangelhaft oder mit rechtlichen Fehlern behaftet.
  - **Lieferungsverzug**: Der Verkäufer liefert die Kaufsache nicht rechtzeitig.
- **Störungen aufseiten des Käufers**
  - **Annahmeverzug**: Der Käufer nimmt die Kaufsache nicht oder nicht rechtzeitig ab.
  - **Zahlungsverzug**: Der Käufer zahlt den Kaufpreis nicht oder nicht rechtzeitig.

Störungen auf Verkäuferseite und ihre Rechtsfolgen	
mangelhafte Lieferung	– **Sachmängel** • Qualitätsmängel (Mängel in der Güte oder Montage der Kaufsache) • Quantitätsmängel (Mängel in der Menge) • Gattungsmängel (Lieferung einer anderen als der vereinbarten Kaufsache) – **Rechtsmängel** • Eigentumsvorbehalt • Pfandrechte • Urheberrechte
Rechte des Käufers bei Sach- und Rechtsmängeln	**1. Recht auf Nacherfüllung** Nach Wahl des Käufers: – Mängelbeseitigung, z. B. Reparatur, oder – Lieferung einer mängelfreien Sache (Ersatzlieferung) **2. Recht auf Rücktritt oder Kaufpreisminderung** Wenn Nacherfüllung nicht durchgeführt werden kann: – Recht auf Rücktritt vom Kaufvertrag oder – Minderung des Kaufpreises **3. Recht auf Schadensersatz oder Aufwendungsersatz** Bei verschuldeter mangelhafter Lieferung: – Schadensersatz oder – Ersatz vergeblicher Aufwendungen
Lieferungsverzug	Nichteinhaltung des Liefertermins und Verstreichenlassen einer vom Käufer durch Mahnung gesetzten Nachfrist. Ist die Lieferung kalendermäßig bestimmt, entfällt eine Mahnung.
Rechte des Käufers bei Lieferungsverzug	1. Anspruch auf nachträgliche Lieferung und Ersatz des Verzögerungsschadens 2. Nachfrist und Schadensersatz statt Lieferung 3. Rücktritt vom Vertrag

Störungen auf Käuferseite und ihre Rechtsfolgen	
Annahmeverzug	Nichtabnahme einer bestellten und ordnungsgemäß gelieferten Kaufsache
Rechte des Verkäufers bei Annahmeverzug	**1. Hinterlegung und Klage** Recht des Verkäufers – zur Hinterlegung der Kaufsache auf Kosten und Gefahr des Käufers und – zur Klage auf Abnahme **2. Hinterlegung und Selbsthilfeverkauf** Recht des Verkäufers – zur Hinterlegung der Kaufsache auf Kosten und Gefahr des Käufers und – zum Selbsthilfeverkauf, z. B. bei leicht verderblicher Kaufsache
Zahlungsverzug	Nichtzahlung 30 Tage nach Fälligkeit und Zugang der Rechnung
Rechte des Verkäufers bei Zahlungsverzug	**1. Geltendmachung der Forderung und Verzugszinsen** Der Verzugszins beträgt: – 5 Prozentpunkte über dem Basiszinssatz – 8 Prozentpunkte über Basiszinssatz bei zweiseitigem Handelskauf **2. Ersatz des sonstigen Schadens, z. B. Mahngebühren, Bankgebühren**

4.4 Mietvertrag

Durch einen Mietvertrag wird der Vermieter verpflichtet, dem Mieter den Gebrauch der Mietsache während der Mietzeit zu gewähren. Der Mieter wird zur Zahlung der vereinbarten Miete verpflichtet.

Abschluss des Mietvertrags

Mieter ◄— **Mietvertrag** —► **Vermieter**

z. B. über Wohnraum, Grundstücke, Parkplätze, Kraftfahrzeuge

Mieter verpflichtet sich
- zur Zahlung der vereinbarten Miete
- zur pfleglichen Behandlung der Mietsache
- zur Rückgabe der Sache, z. B. Räumung der Wohnung, am Ende der Mietzeit

Vermieter verpflichtet sich
- zur Überlassung der Mietsache in einem zum vertragsgemäßen Gebrauch geeigneten Zustand
- zur Erhaltung dieses Zustands während der Mietdauer
- zur Übernahme der auf der Mietsache ruhenden Lasten

Der Abschluss eines Mietvertrags kann formfrei erfolgen. Wohraummietverträge von mehr als einem Jahr bedürfen der Schriftform. Üblich sind Formularmietverträge.

Erfüllung des Mietvertrags

Der Mietvertrag wird erfüllt, indem
- der Vermieter dem Mieter die Mietsache zum Gebrauch überlässt,
- der Mieter regelmäßig die vereinbarte Miete zahlt.

Am Ende des Mietverhältnisses muss der Mieter die Mietsache an den Vermieter zurückgeben. Wenn sich während der Mietzeit ein Mangel an der Mietsache zeigt, muss der Mieter den Vermieter unverzüglich benachrichtigen.

Störungen bei der Erfüllung des Mietvertrags

Störungen bei der Erfüllung des Mietvertrags

bei Vertragsbeginn

Beispiel:
Der Vermieter übergibt die Mietsache nicht im vertraglich vereinbarten Zustand oder nicht zum vereinbarten Zeitpunkt.

während der Vertragslaufzeit

Beispiele:
- Der Vermieter unterlässt notwendige Reparaturen.
- Der Mieter verwendet die Mietsache nicht vertragsgemäß, z. B. wenn er sie ohne Zustimmung des Vermieters einem Dritten überlässt.
- Der Mieter duldet notwendige Reparaturmaßnahmen nicht.

am Ende der Vertragslaufzeit

Beispiel:
Der Mieter gibt die Mietsache nicht im vereinbarten Zustand oder nicht zum vereinbarten Zeitpunkt zurück.

Folgen aus Erfüllungsstörungen

Schlechterfüllung oder Nichterfüllung durch den Vermieter

Der Mieter kann
- seine Miete mindern,
- das Mietverhältnis beenden,
- Schadensersatz fordern.

Schlechterfüllung oder Nichterfüllung durch den Mieter

Der Vermieter kann
- die Mietkaution in Anspruch nehmen,
- das Mietverhältnis auflösen,
- bei Wohnraummietverträgen das Vermieterpfandrecht nutzen.

Das **Vermieterpfandrecht** gibt dem Vermieter ein gesetzliches Pfandrecht an den in eine Mietwohnung eingebrachten Gegenständen des Mieters, soweit sie pfändbar sind. Bei Mietrückständen kann er die Herausgabe dieser Gegenstände verlangen, sie verwerten und den Erlös zur Befriedigung seiner Ansprüche verwenden.

Beendigung des Mietverhältnisses

Das Mietverhältnis endet
- bei einem befristeten Mietvertrag mit Zeitablauf,
- bei einem unbefristeten Mietvertrag durch Kündigung.

4.5 Geschäftsbesorgungsvertrag

Durch einen Geschäftsbesorgungsvertrag wird der Beauftragte verpflichtet, bestimmte Geschäfte, z. B. Bankgeschäfte, gegen Entgelt für den Auftraggeber zu besorgen.

Abschluss des Geschäftsbesorgungsvertrags

Auftraggeber

verpflichtet sich
- zur Zahlung des vereinbarten Entgelts
- zum Ersatz der Aufwendungen, die dem Beauftragten bei der Ausführung der Geschäfte entstehen

Geschäftsbesorgungsvertrag ⟷

z. B. Girovertrag, Beratungsvertrag, Überweisungsvertrag, Beauftragung eines Rechtsanwalts mit der Vertretung in einem Zivilprozess

Beauftragter

verpflichtet sich
- bestimmte Geschäfte für den Auftraggeber zu besorgen oder den Auftraggeber zu beraten
- Weisungen des Auftraggebers zu befolgen (Er kann aber davon abweichen, wenn er annehmen kann, dass der Auftraggeber die Abweichung bei Kenntnis der Sachlage billigen würde)
- zur Rechenschaftslegung über die getätigten Geschäfte
- zur Herausgabe dessen, was er aus der Ausführung der Geschäftsbesorgung erlangt

Wenn der Beauftragte sich öffentlich zur Besorgung von Geschäften anbietet oder dazu öffentlich bestellt ist, muss er schriftlich, in geeigneten Fällen auch elektronisch, unentgeltlich Informationen über Entgelte und Auslagen für Standardgeschäfte zur Verfügung stellen. Kreditinstitute müssen zusätzlich Informationen über Ausführungsfristen, Wertstellungszeitpunkte, Referenzkurse von Überweisungen u. a. zur Verfügung stellen.

Erfüllung des Geschäftsbesorgungsvertrags

Der Geschäftsbesorgungsvertrag wird erfüllt durch
- Besorgung der im Geschäftsbesorgungsvertrag vereinbarten zu besorgenden Geschäfte oder durch Beratung des Auftraggebers durch den Beauftragen,
- Zahlung des vereinbarten Entgelts durch den Auftraggeber.

Besonders im BGB geregelte Formen des Geschäftsbesorgungsvertrags

Geschäftsbesorgungsverträge zur Abwicklung des Überweisungsverkehrs

Überweisungsvertrag

Der Überweisungsvertrag verpflichtet das überweisende Kreditinstitut,
- eine bestimmte Geldsumme zur Gutschrift auf dem Konto des Überweisungsempfängers zur Verfügung zu stellen,
- Angaben zur Person des Überweisenden und einen angegebenen Verwendungszweck mitzuteilen,
- den Überweisungsbetrag rechtzeitig und ungekürzt dem Kreditinstitut des Überweisungsempfängers zu übermitteln.

Zahlungsvertrag

Durch den Zahlungsvertrag verpflichtet sich das in die Überweisungskette zwischengeschaltete Kreditinstitut, einen Überweisungsbetrag
- an ein weiteres Kreditinstitut oder
- an das Kreditinstitut des Begünstigten weiterzuleiten.

Girovertrag

Durch den Girovertrag wird das endbegünstigte Kreditinstitut verpflichtet,
- für den Überweisungsempfänger ein Konto einzurichten,
- eingehende Zahlungen dem Konto gutzuschreiben,
- abgeschlossene Überweisungsverträge zulasten dieses Kontos abzuwickeln,
- dem Überweisungsträger weitergeleitete Angaben zum Überweisenden und zum Verwendungszweck mitzuteilen.

Beendigung des Geschäftsbesorgungsvertrags

Der Geschäftsbesorgungsvertrag endet durch
- Erledigung,
- Widerruf oder
- Kündigung.

Er endet grundsätzlich nicht bei Tod oder Geschäftsunfähigkeit des Auftraggebers.

4.6 Weitere Vertragsarten des BGB im Überblick

Vertragsart	Vertragsinhalt	Vertragsparteien	Beispiele
Schenkungsvertrag (§ 516 ff. BGB)	unentgeltliche Zuwendung von Sachen oder Rechten	– Schenker – Beschenkter	– Eltern schenken ihrem Kind eine Armbanduhr. – Großmutter schenkt ihrem Enkel ihr Sparguthaben.
Leihvertrag (§ 598 ff. BGB)	unentgeltliche Überlassung von Sachen zum Gebrauch	– Verleiher – Entleiher	Autobesitzer überlässt sein Auto vorübergehend einer dritten Person ohne Entgelt.
Pachtvertrag (§ 581 ff. BGB)	entgeltliche Überlassung von Sachen oder Rechten zum Gebrauch und Fruchtgenuss	– Verpächter – Pächter	Ein Hotelkaufmann übernimmt ein Hotel gegen Pachtzahlung.
Darlehensvertrag (§ 488 ff. BGB)	Bereitstellung eines Geldbetrages gegen Zinszahlung und Rückzahlung bei Fälligkeit	– Darlehensgeber – Darlehensnehmer	– Anschaffungsdarlehen – Sparguthaben (Spar-Darlehen)
Dienstvertrag (§ 611 ff. BGB)	Verpflichtung zur Leistung der vereinbarten Dienste gegen Vergütung (Sonderform: Arbeitsvertrag)	– Dienstberechtigter, z. B. Arbeitgeber – Dienstverpflichteter, z. B. Arbeitnehmer	– Angestelltenvertrag – Beratungsleistung eines Rechtsanwalts
Werkvertrag (§ 631 ff. BGB)	Herstellung eines Werkes gegen Bezahlung	– Werkunternehmer – Werkbesteller	Reparatur eines Autos durch eine Vertragswerkstatt
Werklieferungsvertrag (§ 651 BGB)	Herstellung eines Werkes aus einem vom Unternehmer zu beschaffenden Stoff	– Werkunternehmer – Werkbesteller	Anfertigung eines Maßanzuges
Maklervertrag (§ 652 ff. BGB)	entgeltliche Vertragsvermittlung	– Makler – Auftraggeber	Mieter lässt sich durch einen Makler ein Mietverhältnis vermitteln.
Reisevertrag (§§ 651a–m BGB)	Erbringung einer Gesamtheit von Reiseleistungen	– Reiseveranstalter – Reisender	Buchung einer Pauschalreise bei einem Reisebüro
Gesellschaftsvertrag (§ 705 ff. BGB)	Gründung einer Gesellschaft bürgerlichen Rechts (GbR)	– Gesellschafter	Drei Mitarbeiter einer Bank gründen eine Fahrgemeinschaft.
Bürgschaftsvertrag (§ 765 ff. BGB)	Absicherung eines Schuldverhältnisses	– Bürgschaftsnehmer (Gläubiger) – Bürge	Kreditbürgschaft

5 Vertragsfreiheit und Verbraucherschutz

5.1 Vertragsfreiheit

5.1.1 Grundsatz der Vertragsfreiheit

Vertragsfreiheit bedeutet die Freiheit des Einzelnen zum eigenverantwortlichen Gestalten seiner Lebensbeziehungen durch privatrechtliche Verträge.

Vertragsfreiheit

- **Abschlussfreiheit**
- **Inhaltsfreiheit**
- **Formfreiheit**

Bedeutung der Vertragsfreiheit	
Abschluss-freiheit	– grundsätzlich kein Zwang zum Abschluss von Verträgen – freie Entscheidung über • den Abschluss eines Vertrags • die Person des Kontrahenten (Partnerfreiheit) • den Ort des Vertragsabschlusses (Ort der Niederlassung, Abschluss „an der Haustür") • den Zeitpunkt des Vertragsabschlusses (sofort oder nach Ablauf einer Überlegungsfrist)
Inhaltsfreiheit	– freie Entscheidung über die inhaltliche Ausgestaltung von Verträgen
Formfreiheit	– Freiheit, Verträge grundsätzlich in jeder beliebigen Form abschließen zu können, z. B. mündlich, schriftlich, telefonisch, elektronisch oder in öffentlich beglaubigter oder notariell beurkundeter Form (Ausnahme: Verträge, für die das Gesetz Schriftform oder notarielle Beurkundung vorschreibt.)

5.1.2 Grenzen der Vertragsfreiheit

Die Abschluss-, Inhalts- und Formfreiheit wird aus Schutzerwägungen in vielen Bereichen eingeschränkt.

Grenzen der Vertragsfreiheit		
Grenzen der Abschluss-freiheit	Kontrahierungs-zwang	– Grenzen der Vertragsfreiheit durch Verpflichtung zum Abschluss von Verträgen, z. B. • bei Verkehrsbetrieben im Personen- und Güterverkehr • auf dem Gebiet der Daseinsvorsorge, z. B. Pflegeversicherung • bei Elektrizitäts-, Gas-, Wasserwerken • bei der Post AG (Briefbeförderung) • bei Sparkassen (im Sparverkehr)
	gesetzliche Verbote	– Grenzen der Vertragsfreiheit durch gesetzliche Verbote, z. B. • sittenwidrige Verträge • Verträge mit Geschäftsunfähigen
	Genehmigungs-zwänge	– Grenzen der Vertragsfreiheit durch Genehmigungs- und Erlaubniszwänge, z. B. • Betreiben eines Restaurants • Bebauung eines Grundstücks

Grenzen der Vertragsfreiheit		
Grenzen der Inhaltsfreiheit	Preisbildung	Grenzen der freien Preisbildung am Markt durch Gesetz oder Verordnung, z. B. Preisangabenverordnung
	Mietzinsfestsetzung	Grenzen der freien Mietzinsfestsetzung durch gesetzliche Bestimmungen, z. B. Wirtschaftsstrafgesetz, zwecks Vermeidung von Mietzinsüberhöhungen oder Mietwucher
Grenzen der Formfreiheit	Einhaltung von Formvorschriften für Verträge mit besonders schwerwiegendem Inhalt (Warnfunktion), z. B. notarielle Beurkundung bei Grundstückskaufverträgen und Schenkungsversprechen	

5.2 Verbraucherschutz

Verbraucherschutz im BGB

Schutz bei Verwendung von AGB	Schutz bei Verbraucherdarlehen	Schutz bei Haustürgeschäften	Schutz bei Fernabsatzverträgen
Schutz vor **unangemessener Benachteiligung** durch den AGB-Verwender	Schutz vor **überhöhter Verschuldung** wirtschaftlich unerfahrener Personen	Schutz vor **Überrumpelung** bei Geschäften „an der Haustür"	Schutz vor **„bösen Überraschungen"**, da im Fernabsatzgeschäft Ungewissheit über Vertragspartner und Liefergegenstand besteht

5.2.1 Schutz bei Allgemeinen Geschäftsbedingungen

Sofern Allgemeine Geschäftsbedingungen (AGB) Vertragsbestandteil werden, soll der Verbraucher vor unangemessener Benachteiligung geschützt werden.

Allgemeine Geschäftsbedingungen sind alle für eine Vielzahl von Verträgen vorformulierte Vertragsbedingungen, die eine Vertragspartei (Verwender) der anderen Vertragspartei bei Abschluss eines Vertrages stellt. Rechtsgrundlage für die AGB ist das BGB. Individuelle Abreden zwischen den Vertragspartnern haben Vorrang vor AGB-Regelungen.

Verbindlichkeit der AGB bei Vertragsabschlüssen mit Privatleuten	
Einbeziehungshinweis	Der Verwender muss den Vertragspartner ausdrücklich auf die Geltung der AGB hinweisen.
Kenntnisnahme	Der Vertragspartner muss die Möglichkeit haben, in zumutbarer Weise vom Inhalt der AGB Kenntnis zu nehmen.
Anerkennung	Der Vertragspartner muss sich mit der Geltung der AGB einverstanden erklären.

Allgemeine Geschäftsbedingungen (AGB)

als äußerlich gesonderter Bestandteil des Vertrags
- AGB
- Sonderbedingungen

als Vertragsbestandteil
- Formularvereinbarungen (das sog. „Kleingedruckte")

verbotene Klauseln in den AGB

Generalklauseln

Klauseln, die den Vertragspartner des AGB-Verwenders entgegen dem Gebot von Treu und Glauben unangemessen benachteiligen

weitere verbotene Klauseln
- Klauseln mit Ausschluss von Gewährleistungsansprüchen
- intransparente Klauseln
- Überraschungsklauseln

5.2.2 Schutz bei Verbraucherdarlehen

Schutzvorschriften bei Verbraucherdarlehen sollen den Verbraucher vor übermäßiger Verschuldung schützen.

Arten von Verbraucherdarlehen

- **Verbraucherkredit** (§ 491 BGB)
  Sonderform: Überziehungskredit (§ 493 BGB)
- **Teilzahlungsgeschäft** (§ 501 BGB)
- **Ratenlieferungsvertrag** (§ 505 BGB)

Verbraucherdarlehen		
Anbieter		Kreditinstitute, Industrieunternehmen, Handelsunternehmen
Darlehensnehmer (Kunde)		Verbraucher (natürliche Person)
Art des Verbraucherdarlehens	**Verbraucherkredit**	**Art des Geschäfts** verzinsliches Gelddarlehen eines Unternehmens an einen Verbraucher Beispiel: Anschaffungsdarlehen bei einer Bank **zwingende Vertragsinhalte** – Nettodarlehensbetrag – Gesamtbetrag aller Teilzahlungen für • Tilgung • Zinsen • sonstige Kosten – Art und Weise der Darlehensrückzahlung – effektiver Jahreszins – Kosten einer Versicherung, z. B. Restschuldversicherung – zu bestellende Sicherheiten

Verbraucherdarlehen		
Art des Verbraucherdarlehens	**Überziehungskredit (als Sonderform des Verbraucherkredits)**	**Art des Geschäfts** Recht des Darlehensnehmers, sein laufendes Konto bei einem Kreditinstitut in bestimmter Höhe zu überziehen, wenn – nur Zinskosten anfallen und – die Rechnungsabschlussperiode mindestens drei Monate beträgt Beispiel: Dispositionskredit bei einer Bank **zwingende Vertragsinhalte** – Höchstgrenze des Darlehens – geltender Jahreszins – Zinsänderungen – Regelungen zur Vertragsbeendigung
	Teilzahlungskredit	**Art des Geschäfts** Erwerb (Kauf) einer Sache durch einen Verbraucher gegen Ratenzahlung (Ratenkauf) Beispiel: Ratenkauf von Möbeln bei einem Möbelhaus **zwingende Vertragsinhalte** – Barzahlungspreis – Teilzahlungspreis (Gesamtbetrag aller Teilzahlungen) – Betrag, Zahl und Fälligkeit der einzelnen Teilzahlungen – effektiver Jahreszins – Kosten einer Versicherung – Vereinbarung eines Eigentumsvorbehalts
	Ratenlieferungsgeschäft	**Art des Geschäfts** Lieferung einer Sache in regelmäßigen zeitlichen Abständen oder Lieferung einer zusammengehörenden Sache in mehreren Teillieferungen durch einen Unternehmer an einen Verbraucher Beispiele: – Lieferung von Zeitschriften im Rahmen eines Zeitschriftenabonnements – Lieferung einzelner Bände aus einem mehrbändigen Lexikon **zwingende Vertragsinhalte** – alle zu entrichtenden Teilleistungen, die bis zum frühestmöglichen Kündigungszeitpunkt anfallen Der Vertragstext ist in Textform mitzuteilen.
Formvorschriften		– Schriftform – Nichtigkeit des Vertrags bei Verstoß gegen die Schriftform – bei Überziehungskrediten unter bestimmten Voraussetzungen keine Schriftform erforderlich
Widerrufsrecht		– schriftliches Widerrufsrecht des Verbrauchers innerhalb von zwei Wochen gegenüber dem Unternehmer – Fristbeginn nach Widerrufsbelehrung – Erlöschen des Widerrufsrechts spätestens sechs Monate nach Vertragsabschluss (bei Verbraucherkrediten zwei Wochen nach Empfang des Darlehens) – kein Widerrufsrecht bei Überziehungskrediten, sofern der Darlehensnehmer das Darlehen jederzeit ohne Kündigung und ohne zusätzliche Kosten zurückzahlen kann

5.2.3 Schutz bei Haustürgeschäften

Schutzvorschriften bei Haustürgeschäften sollen den Verbraucher vor Überrumpelung schützen.

Haustürgeschäfte	
Art	– Kaufvertrag – Werkvertrag
Ort des Abschlusses	Vornahme des Haustürgeschäfts nach mündlicher Ansprache – in der Privatwohnung – am Arbeitsplatz – bei Freizeitveranstaltungen, z. B. Kaffeefahrt – auf der Straße
Widerrufsrecht	– schriftliches Widerrufsrecht innerhalb einer Frist von zwei Wochen – Beginn der Widerrufsfrist nach Belehrung über das Widerrufsrecht – Das Haustürgeschäft wird wirksam, wenn die Widerrufsfrist ungenutzt verstrichen ist.
Ausschluss des Widerrufsrechts	Ein Widerrufsrecht besteht nicht – bei Geschäften nach vorheriger Bestellung des Verbrauchers, – bei Bagatellgeschäften bis 40 Euro und sofortiger Bezahlung, – bei notariell beurkundeten Verträgen, – bei Versicherungsverträgen.

5.2.4 Schutz bei Fernabsatzverträgen

Schutzvorschriften bei Fernabsatzverträgen sollen den Verbraucher vor „bösen Überraschungen" schützen. Bei Fernabsatzgeschäften hat der Verbraucher keine genaue Kenntnis über Liefergegenstand und Vertragspartner.

Fernabsatzverträge	
Fernabsatzvertrag	Vertrag, der ausschließlich auf fernkommunikativem Wege zustande kommt
Fernkommunikationsmittel	Fernkommunikationsmittel sind Briefe, Kataloge, Telekopien, E-Mails, Internet
Unterrichtung des Verbrauchers	– Pflicht zur Unterrichtung des Verbrauchers durch den Unternehmer vor Abschluss des Fernabsatzvertrags über: • Vertragseinzelheiten (Leistung nach Gegenleistung) • Geschäftszweck des Vertrages – Verstöße gegen die Informationspflicht können zu Schadensersatzansprüchen des Verbrauchers führen.
Widerrufsrecht	– Widerrufsrecht innerhalb von zwei Wochen gegenüber dem Unternehmer – Widerruf durch formloses Schreiben oder Rücksendung der Ware – Fristbeginn erst nach Erfüllung aller Informationspflichten und nicht vor Eingang der Ware beim Empfänger – kein Widerrufsrecht bei bestimmten Fernabsatzgeschäften, z. B. zur Lieferung von Zeitungen, Zeitschriften oder Illustrierten

6 Datenschutz und Datensicherheit

6.1 Datenschutz

Datenschutz	
Zweck des Datenschutzes	Zweck des Datenschutzes ist es, den Einzelnen davor zu schützen, dass er durch den Umgang mit seinen personenbezogenen Daten in seinem Persönlichkeitsrecht beeinträchtigt wird.
Bedeutung des Datenschutzes	Durch die fortschreitende Entwicklung der Digitaltechnik erlangt der Datenschutz ständig an Bedeutung, da Datenerfassung, Datenhaltung, Datenweitergabe und Datenanalyse immer umfangreicher, aber auch einfacher werden.

Rechtliche Grundlagen des Datenschutzes	
Europäische Datenschutzrichtlinie	– setzt Mindeststandards für den Datenschutz in den Mitgliedstaaten – ist in nationales Recht umzusetzen (in Deutschland durch das „Gesetz zur Änderung des Bundesdatenschutzgesetzes und anderer Gesetze")
Bundesdatenschutzgesetz (BDSG)	– regelt den Datenschutz bei öffentlichen Stellen (Bundesbehörden), bei Landesbehörden (soweit nicht Landesgesetze gelten) sowie bei nicht öffentlichen Stellen (Privatpersonen und Wirtschaftsunternehmen)
Landesdatenschutzgesetze	– regeln den Datenschutz in den Bundesländern für Landesbehörden und Kommunalbehörden

Ausgewählte Regelungen des Datenschutzgesetzes	
geschützte Daten	– Geschützte Daten sind personenbezogene Daten über persönliche oder sachliche Verhältnisse einer bestimmten oder bestimmbaren natürlichen Person. – Besonders geschützt werden personenbezogene Daten über • rassische und ethnische Herkunft, • politische Meinungen, • religiöse oder philosophische Überzeugungen, • Gewerkschaftszugehörigkeit, • Gesundheit und Sexualleben. – Nicht in den Geltungsbereich des Datenschutzes fallen Daten über juristische Personen und Personenvereinigungen.
Nutzung personenbezogener Daten	– Das Verarbeiten und Nutzen personenbezogener Daten ist grundsätzlich verboten. – Datenverarbeitung und -nutzung ist nur erlaubt, wenn ein Gesetz, z. B. das BDSG oder eine andere Rechtsvorschrift, dies erlaubt oder der Betroffene ausdrücklich seine Einwilligung gibt. – Nicht öffentliche Stellen und öffentlich-rechtliche Wettbewerbsunternehmen dürfen personenbezogene Daten nutzen • im Rahmen ihrer mit den betreffenden Kunden eingegangenen Vertragsverhältnisse, • zur Wahrung ihrer berechtigten Interessen, • aus allgemein zugänglichen Quellen.

Ausgewählte Regelungen des Datenschutzgesetzes	
Datenschutzrechte des Betroffenen	– Betroffene sind natürliche Personen, über die öffentliche und nicht öffentliche Stellen Daten gespeichert haben. – Betroffene haben folgende Schutzrechte: • Auskunft darüber, ob und welche personenbezogenen Daten über sie gespeichert sind, aus welchen Quellen diese Daten stammen und welchem Verwendungszweck sie dienen • Berichtigung und Richtigstellung von falschen personenbezogenen Daten • Untersagung der Übermittlung personenbezogener Daten an Dritte • Löschung und Sperrung personenbezogener Daten • Beschwerderecht bei der zuständigen Aufsichtsbehörde
Benachrichtigungspflichten	– Bei erstmaliger Speicherung personenbezogener Daten ist der Betroffene • von der Speicherung und • der Art der gespeicherten Daten zu unterrichten. – Kreditinstitute weisen ihre Vertragspartner, z. B. im Kontoeröffnungsantrag, auf die Speicherung und Verarbeitung personenbezogener Daten hin.

Datenschutzkontrolle	
Kontrolle durch Datenschutzbeauftragte	– Der Bundesdatenschutzbeauftragte kontrolliert bei den öffentlichen Stellen des Bundes die Einhaltung der Vorschriften des BDSG und anderer Vorschriften über den Datenschutz. – Landesdatenschutzbeauftragte kontrollieren den Datenschutz bei Landesbehörden. – Öffentliche und nicht öffentliche Stellen, die personenbezogene Daten automatisiert verarbeiten, haben einen Beauftragten für den Datenschutz zu bestellen. – Bei nicht öffentlichen Stellen ist ein Datenschutzbeauftragter nur zu bestellen, wenn mindestens 10 Personen mit der automatisierten Verarbeitung von personenbezogenen Daten beschäftigt sind.
Kontrolle durch weitere Maßnahmen	– Verpflichtung der Beschäftigten zur Wahrung des Datengeheimnisses – Schaffung technisch-organisatorischer Vorkehrungen zum Schutz vor unbefugtem Zugriff, Verfälschung, Zerstörung, Verlust oder Preisgabe von Daten an Unbefugte

6.2 Sicherheit im DV-Bereich

Sicherheit im DV-Bereich

Datensicherheit
(Informationssicherheit)

- Vertraulichkeit (Zugriff auf Daten nur durch autorisierte Benutzer)
- Integrität (keine unbemerkte Datenveränderung)
- Verfügbarkeit (jederzeitiger Zugriff auf Daten)

IT-Sicherheit
(technische Sicherheit von IT-Systemen)

- Sicherung der Funktionalität von Hardware und Software
- Einrichtung geeigneter Sicherheitstechniken (Firewall, Zugriffsschutz)
- Schaffung technischer Maßnahmen zur reibungslosen Weiterführung der Prozesse bei Störungen

1 Berufsausbildung

1.1 Das duale Ausbildungssystem

Kennzeichen des dualen Berufsausbildungssystems sind zwei Lernorte und eine externe Zwischen- und Abschlussprüfung vor einer zuständigen Stelle, d. h. einer Industrie- und Handelskammer oder einer Handwerkskammer.

duales Ausbildungssystem

Lernort Ausbildungsbetrieb	Lernort Berufsschule
– Durchführung der praktischen Ausbildung auf Basis der Ausbildungsordnungen – Ausbildungsordnungen werden vom Bundesministerium für Wirtschaft und Technologie im Einvernehmen mit dem Bundesministerium für Bildung und Forschung verordnet.	– Vermittlung der theoretischen Kenntnisse auf Basis der Rahmenlehrpläne – Rahmenlehrpläne werden von der Ständigen Konferenz der Kultusminister der Länder (KMK) beschlossen.

Der Erfolg der Berufsausbildung wird durch **Zwischen- und Abschlussprüfungen vor den zuständigen Stellen,** z. B. Industrie- und Handelskammern, Handwerkskammern, festgestellt.

Rechtliche Grundlagen

- Berufsbildungsgesetz (BBiG)
- Ausbildungsordnung (gilt für den Betrieb)
- Rahmenlehrplan (gilt für die Berufsschule)
- Berufsausbildungsvertrag
- Schutzvorschriften, z. B. Jugendarbeitsschutzgesetz

1.2 Das Berufsausbildungsverhältnis

Auszubildender ist, wer in einem Betrieb zum Erlernen eines Ausbildungsberufs angestellt ist. **Ausbilder** ist, wer einen anderen zur Berufsausbildung einstellt und mit ihm einen **Berufsausbildungsvertrag** abschließt.

Abschluss des Ausbildungsvertrages

- Das Berufsausbildungsverhältnis entsteht durch einen Berufsausbildungsvertrag zwischen dem Ausbildenden (Ausbildungsbetrieb) und dem Auszubildenden.
- Minderjährige Auszubildende benötigen die Zustimmung des gesetzlichen Vertreters.
- Unverzüglich nach Vertragsabschluss muss der Ausbildende den Vertrag in das Verzeichnis der Berufsausbildungsverhältnisse bei der zuständigen Stelle eintragen lassen.

Inhalte des Ausbildungsvertrages

Art und Gliederung der Berufsausbildung	– Angabe der Berufstätigkeit, für die ausgebildet wird – sachliche Gliederung – zeitliche Gliederung
Beginn und Dauer der Berufsausbildung	– Das Ausbildungsverhältnis • beginnt mit der Probezeit, • endet mit dem Ablauf der Ausbildungszeit. – Bestehen Auszubildende die Abschlussprüfung vor Ablauf der Ausbildungszeit, so endet das Ausbildungsverhältnis mit Bekanntgabe des Ergebnisses durch den Prüfungsausschuss. – Bei nicht bestandener Abschlussprüfung verlängert sich das Ausbildungsverhältnis auf Verlangen des Auszubildenden bis zur nächstmöglichen Wiederholungsprüfung höchstens um ein Jahr (eine nicht bestandene Abschlussprüfung kann höchstens zweimal wiederholt werden).
Dauer der Probezeit	– Die Probezeit • muss mindestens einen Monat betragen, • darf höchstens vier Monate betragen.
Dauer der regelmäßigen täglichen Ausbildungszeit	– Hier sind insbesondere die Vorschriften des Jugendarbeitsschutzgesetzes einzuhalten.
Voraussetzungen, unter denen der Ausbildungsvertrag gekündigt werden kann	– während der Probezeit beiderseits jederzeit (ohne Einhalten einer Kündigungsfrist) – nach der Probezeit beiderseits aus wichtigem Grund (ohne Einhalten einer Kündigungsfrist) – nach der Probezeit vom Auszubildenden, wenn er die Ausbildung aufgeben oder sich für eine andere Berufstätigkeit ausbilden lassen möchte (mit einer Kündigungsfrist von vier Wochen und unter Angabe der Gründe) – Kündigungen müssen schriftlich erfolgen.
Vergütung	– muss eine angemessene Höhe aufweisen – muss mit fortschreitender Ausbildung ansteigen (mindestens jährlich)
Urlaub	– Es besteht ein Anspruch auf bezahlten Erholungsurlaub. – Urlaub soll in der Zeit der Berufsschulferien gegeben werden.
Ausbildungsmaßnahmen außerhalb der Ausbildungsstätte	– z. B. Ausbildung in überbetrieblichen Werkstätten
Hinweise auf anzuwendende Tarifverträge, Betriebs- und Dienstvereinbarungen	– z. B. Tarifvertrag für das private Bankgewerbe

Weiterbeschäftigung nach Ausbildungsende

– Während der letzten sechs Monate der Ausbildung können beide Seiten eine Weiterbeschäftigung vereinbaren.
– Wird der Auszubildende im Anschluss an die Ausbildung ohne eine solche Vereinbarung beschäftigt, so gilt das Arbeitsverhältnis auf unbestimmte Zeit geschlossen.
– Mitglieder der Jugend- und Auszubildendenvertretung müssen grundsätzlich weiterbeschäftigt werden, wenn sie dies verlangen.

Rechte und Pflichten der Vertragspartner	
Pflichten des Ausbildenden (= Rechte des Auszubildenden)	**Pflichten des Auszubildenden** (= Rechte des Ausbildenden)
– Vermittlung der Fertigkeiten und Kenntnisse, um den Ausbildungsabschluss zu erreichen – Ausbildung durch den Ausbildenden oder einen ausdrücklich damit beauftragten Ausbilder – kostenlose Zurverfügungstellung der erforderlichen Ausbildungsmittel – Freistellung für den Berufsschulunterricht – ausschließliche Übertragung von Tätigkeiten, die dem Ausbildungszweck dienen und den Auszubildenden körperlich nicht überfordern – charakterliche Förderung sowie körperliche und sittliche Nichtgefährdung – Zahlung einer Vergütung – Ausstellung eines schriftlichen Zeugnisses bei Beendigung der Berufsausbildung	– Teilnahme an Maßnahmen, für die eine Freistellung erfolgte – aktive Mitwirkung an der Ausbildung – ordnungsgemäße und regelmäßige Führung von Berichtsheften – Befolgung von Weisungen des Ausbildenden – Bewahrung von Stillschweigen über Betriebs- und Geschäftsgeheimnisse – ärztliche Untersuchung innerhalb der letzten 14 Monate vor Ausbildungsbeginn

2 Arbeitsvertrag

Der Arbeitsvertrag ist ein privatrechtlicher Vertrag auf der Basis eines Dienstvertrags zwischen einem Arbeitnehmer und einem Arbeitgeber. Er begründet Leistungspflichten:

- Der Arbeitnehmer ist zur Arbeitsleistung,
- der Arbeitgeber zur Entlohnung verpflichtet.

Arbeitnehmer	← Arbeitsvertrag →	Arbeitgeber
Pflichten – Dienstleistungspflicht – Treuepflicht – Schweigepflicht – Pflicht zur Einhaltung des Handels- und Wettbewerbsverbots – Pflicht zur Wahrung des Betriebsfriedens	**Mindestinhalte** – Name und Anschrift der Vertragsparteien – Zeitpunkt des Beginns des Arbeitsverhältnisses – vereinbarte Probezeit – Angabe des Arbeitsortes bzw. Hinweis auf verschiedene Einsatzorte – allgemeine Beschreibung der zu leistenden Tätigkeit – Zusammensetzung und Höhe des Arbeitsentgelts – vereinbarte Arbeitszeit – Dauer des jährlichen Erholungsurlaubs – Kündigungsfristen – allgemeiner Hinweis auf Tarifverträge, Betriebs- und Dienstvereinbarungen, die auf das Arbeitsverhältnis anzuwenden sind	**Pflichten** – Vergütungspflicht – Beschäftigungspflicht – Fürsorgepflicht – Urlaubsgewährung – Informations- und Anhörungspflicht – Zeugnispflicht – Gleichbehandlungspflicht – Schutzpflichten, z. B. Sicherheit am Arbeitsplatz

Formen von Arbeitsverträgen

- **Einzelarbeitsverträge** (Individualarbeitsverträge)
- **Kollektivarbeitsverträge**

Beendigung des Arbeitsverhältnisses durch

Erreichen der Altersgrenze oder Zeitablauf

- Der Arbeitnehmer erreicht eine vertraglich oder gesetzlich festgelegte Altersgrenze.
- Ein befristetes Arbeitsverhältnis endet mit Zeitablauf.

Kündigung

- Einer der beiden Vertragspartner erklärt gegenüber dem anderen, dass er das Arbeitsverhältnis beenden will. Die Kündigung ist ein *einseitig* empfangsbedürftiges Rechtsgeschäft. Sie muss schriftlich erfolgen.

Aufhebungsvertrag

- Arbeitgeber und Arbeitnehmer vereinbaren in beiderseitigem Einverständnis das Ende des Arbeitsverhältnisses.

Tod

- Mit dem Tod des Arbeitnehmers endet das Arbeitsverhältnis.

Kündigung

ordentliche Kündigung

- Die Regelkündigungsfrist beträgt 28 Tage (vier Wochen) zum 15. eines Monats oder zum Monatsende.
- Bei langjährig Beschäftigten muss der Arbeitgeber *verlängerte Kündigungsfristen* einhalten.
- Für die Kündigung durch den Arbeitnehmer darf keine längere Frist vereinbart werden als für die Kündigung durch den Arbeitgeber.
- Der Arbeitgeber muss die Kündigung immer begründen. Der Arbeitnehmer muss dies nicht.
- Der Arbeitgeber muss den Betriebsrat informieren, der ein Widerspruchsrecht hat.
- Das Kündigungsschutzgesetz beschränkt die Kündigungsfreiheit des Arbeitgebers auf sozial gerechtfertigte Kündigungen.
- Sozial gerechtfertigt ist eine Kündigung bei Vorliegen
  - personenbedingter Gründe, z.B. mangelnde Eignung,
  - verhaltensbedingter Gründe, z.B. Verletzung der Treuepflicht,
  - dringender betrieblicher Erfordernisse, z. B. Stilllegung.
- Vor Kündigungen ist zu prüfen, ob eine Umsetzung des Arbeitnehmers im Betrieb möglich ist. Außerdem ist die Dauer der Betriebszugehörigkeit zu beachten. Bei verhaltensbedingten Kündigungen müssen vorherige Abmahnungen vorliegen.

außerordentliche Kündigung

- Sie erfolgt fristlos.
- Eine außerordentliche Kündigung kann von beiden Seiten nur aus wichtigem Grund ausgesprochen werden.
- Sie muss innerhalb von zwei Wochen erfolgen, nachdem der Kündigungsgrund bekannt wurde.
- Der Arbeitgeber muss den Betriebsrat informieren, der ein Widerspruchsrecht hat.
- Der Kündigende muss dem anderen Teil auf Verlangen den Kündigungsgrund unverzüglich schriftlich mitteilen.
- Beispielhafte Gründe für den Arbeitgeber sind:
  - Diebstahl
  - Mobbing
  - Arbeitsverweigerung
- Beispielhafte Gründe für den Arbeitnehmer sind:
  - keine Zahlung des Arbeitsentgelts
  - grobe Beleidigung des Arbeitnehmers

Änderungskündigung

- Eine Änderungskündigung wird ausgesprochen, wenn Teile des Arbeitsvertrags geändert werden sollen, z. B. die vereinbarte Tätigkeit.
- Da Teilkündigungen nicht zulässig sind, wird der gesamte Arbeitsvertrag gekündigt und gleichzeitig das Angebot gemacht, den Arbeitsvertrag zu den veränderten Bedingungen fortzusetzen.

Im Kündigungsfall und zu anderen Anlässen kann der Arbeitnehmer ein Arbeitszeugnis verlangen.

Arbeitszeugnis

nach dem Inhalt

einfaches Zeugnis
- Angaben zu Art und Dauer der Tätigkeit

qualifiziertes Zeugnis
- zusätzlich Angaben zu Leistung und Verhalten im Arbeitsverhältnis

nach dem Zeitpunkt

schriftliches Abschlusszeugnis
- Anspruch des Arbeitnehmers bei Beendigung eines Arbeitsverhältnisses
- Arbeitnehmer kann ein qualifiziertes Zeugnis verlangen.

schriftliches Zwischenzeugnis
- Anspruch des Arbeitnehmers, wenn er ein berechtigtes Interesse daran hat
- Ein berechtigtes Interesse kann u. a. in folgenden Fällen vorliegen:
  - Der Arbeitgeber hat eine Kündigung in Aussicht gestellt.
  - Betriebsveräußerung
  - Versetzung in eine andere Abteilung
  - Der Arbeitnehmer steht vor einer längeren Arbeitsunterbrechung, z. B. durch Elternzeit, Wehr- oder Zivildienst.
- Der Arbeitnehmer kann ein qualifiziertes Zwischenzeugnis verlangen.

3 Arbeitsschutzbestimmungen

wichtige Arbeitsschutzbestimmungen

Jugendarbeitsschutzgesetz
- soll heranwachsende Kinder und Jugendliche vor physischer und psychischer Gefährdung durch Arbeit schützen

Kündigungsschutzgesetz
- soll Arbeitnehmer vor sozial ungerechtfertigten Kündigungen schützen

Mutterschutzgesetz
- gewährt Frauen, die in einem Arbeitsverhältnis stehen, während der Schwangerschaft und nach der Geburt einen besonderen Gesundheits- und Kündigungsschutz sowie die Sicherung materieller Leistungen

Bundeselterngeld- und Elternzeitgesetz
- regelt die Gewährung von Elterngeld, das einen Einkommenswegfall nach der Geburt des Kindes auffangen soll
- regelt Freistellungs- und Teilzeitansprüche nach der Geburt eines Kindes

Ausgewählte Bestimmungen des Jugendarbeitsschutzgesetzes	
Geltungsbereich	– Jugendlicher im Sinne des Gesetzes ist, wer 15, aber noch nicht 18 Jahre alt ist; Kind im Sinne des Gesetzes ist, wer jünger als 15 Jahre ist.
Arbeitszeit	– Grundsätzlich dürfen Jugendliche nicht mehr als 8 Stunden täglich und nicht mehr als 40 Stunden wöchentlich beschäftigt werden. – Ausnahme: 8,5 Stunden täglich, wenn an einzelnen Werktagen die Arbeitszeit auf weniger als 8 Stunden verkürzt ist – Die 5-Tage-Woche ist verbindlich. – Für Kinder besteht grundsätzlich ein Beschäftigungsverbot.
Arbeit an Samstagen, Sonn- und Feiertagen	– An diesen Tagen besteht grundsätzlich ein Beschäftigungsverbot. – Für bestimmte Branchen, z. B. Gastronomie, und Einrichtungen, z. B. Krankenhäuser, gelten Ausnahmen.
Berufsschulbesuch und Prüfungen	– Der Jugendliche muss für den Berufsschulbesuch freigestellt werden. – Die Unterrichtszeit ist voll auf die Arbeitszeit anzurechnen, ein Entgeltabzug ist nicht erlaubt. – Der Jugendliche darf nicht vor Beginn des Unterrichts beschäftigt werden, wenn der Unterricht vor 9.00 Uhr beginnt. – Beträgt die Unterrichtszeit an einem Tag mehr als 5 Unterrichtsstunden zu je 45 Minuten, ist der Rest des Tages arbeitsfrei, aber nur an einem Tag pro Woche. – Für Prüfungen und am Tag vor der schriftlichen Prüfung muss der Jugendliche freigestellt werden.
Urlaub	– Jugendliche haben einen eigenen Urlaubsanspruch.
Beschäftigungsbeschränkungen	– Arbeiten, • die seine Leistungsfähigkeit übersteigen, • die ihn gesundheitlichen Gefahren aussetzen, • die ihn sittlichen Gefahren aussetzen, sind für den Jugendlichen verboten.
Ärztliche Untersuchungen	– Innerhalb der letzten 14 Monate **vor** der Beschäftigungsaufnahme muss der Jugendliche ärztlich untersucht worden sein, dem Arbeitgeber muss darüber eine ärztliche Bescheinigung vorliegen. – In den letzten 3 Monaten des ersten Beschäftigungsjahres muss eine Nachuntersuchung erfolgen.

Ausgewählte Bestimmungen des Kündigungsschutzgesetzes	
Geltungsbereich	Das Gesetz ist anzuwenden, wenn – der Arbeitnehmer länger als sechs Monate ohne Unterbrechung im Unternehmen beschäftigt war **und** – das Unternehmen mehr als zehn Beschäftigte hat.
Grundsatzregel	Das Gesetz erklärt eine Kündigung für rechtsunwirksam, wenn sie *sozial ungerechtfertigt* ist. Eine Kündigung ist sozial gerechtfertigt, wenn folgende Gründe angeführt werden: – **personenbedingte**, z. B. fehlende Eignung, häufige Erkrankungen – **verhaltensbedingte**, z. B. Verletzung der Treuepflicht, dauernde Unpünktlichkeit *(Verhaltensbedingten Kündigungen muss grundsätzlich eine Abmahnung vorhergehen.)* – **betriebsbedingte**, z. B. Rationalisierung, Auftragsmangel *(Bei betriebsbedingten Kündigungen muss grundsätzlich eine sogenannte Sozialauswahl getroffen werden.)* Liegen die genannten Gründe nicht vor, ist die Kündigung grundsätzlich sozial ungerechtfertigt.
Einspruch beim Betriebsrat	Hält der Arbeitnehmer eine Kündigung für sozial ungerechtfertigt, so kann er innerhalb einer Woche nach Zugang der Kündigung Einspruch beim Betriebsrat einlegen. Erachtet der Betriebsrat den Einspruch für begründet, muss er versuchen, eine Verständigung mit dem Arbeitgeber herbeizuführen.
Anrufung des Arbeitsgerichts	Will ein Arbeitnehmer gerichtlich geltend machen, dass eine Kündigung sozial ungerechtfertigt oder aus anderen Gründen rechtsunwirksam ist, so muss er innerhalb von drei Wochen nach Zugang der schriftlichen Kündigung Klage beim Arbeitsgericht erheben. Hat der Arbeitnehmer Einspruch beim Betriebsrat eingelegt, so soll er der Klage die Stellungnahme des Betriebsrats beifügen.

Ausgewählte Bestimmungen des Mutterschutzgesetzes	
Arbeitsplatzgestaltung	Die besonderen Belange werdender und stillender Mütter sind zu beachten, z. B. Sitzgelegenheiten, Möglichkeit zu kurzen Arbeitsunterbrechungen.
Beschäftigungsverbot	– Ein Beschäftigungsverbot gilt, falls nach ärztlichem Zeugnis bei Fortdauer der Beschäftigung Leben oder Gesundheit von Mutter oder Kind gefährdet sind. – Werdende Mütter dürfen nicht mit Arbeiten beschäftigt werden, die ihre Gesundheit oder die ihres Kindes gefährden. – Ein *gesetzliches* Beschäftigungsverbot gilt für die letzten sechs Wochen vor der Entbindung (errechneter Geburtstermin) **und** für acht Wochen nach der Entbindung. – Bei Früh- und Mehrlingsgeburten gelten nach der Geburt längere Schutzfristen.
Nachtarbeit, Sonn- und Feiertagsarbeit	Werdende und stillende Mütter dürfen nachts sowie an Sonn- und Feiertagen grundsätzlich nicht beschäftigt werden.
Kündigungsschutz	Während der Schwangerschaft und bis zum Ablauf von vier Monaten nach der Entbindung besteht Kündigungsschutz.
Mutterschaftsgeld	– Frauen, die Mitglied einer gesetzlichen Krankenkasse sind, erhalten für die Zeit der Schutzfristen vor und nach der Entbindung von der gesetzlichen Krankenkasse ein Mutterschaftsgeld. – Das Mutterschaftsgeld richtet sich nach dem durchschnittlichen Nettoarbeitsentgelt der letzten drei Kalendermonate vor Beginn der Schutzfrist vor der Entbindung und beträgt höchstens 13 Euro für jeden Kalendertag. Die Differenz zwischen diesem Betrag und dem vollen Nettoarbeitsentgelt muss für diese Zeit der Arbeitgeber zahlen.

Ausgewählte Bestimmungen des Bundeselterngeld- und Elternzeitgesetzes	
Elterngeld	
Höhe des Elterngeldes	– grundsätzlich 67 Prozent des durchschnittlich monatlich verfügbaren laufenden Erwerbseinkommens (nach Abzug von Steuern und Sozialabgaben) vor der Geburt – höchstens 1 800 Euro, mindestens 300 Euro – Nicht erwerbstätige Elternteile erhalten den Mindestbetrag zusätzlich zum bisherigen Familieneinkommen.
Zahlungsempfänger	– Elterngeld kann sowohl an den Vater als auch an die Mutter gezahlt werden.
Zahlungsdauer	– maximal 14 Monate – Beide Elternteile können den Zeitraum frei untereinander aufteilen. – Ein Elternteil kann dabei höchstens zwölf Monate für sich in Anspruch nehmen, zwei weitere Monate gibt es, wenn in dieser Zeit Erwerbseinkommen wegfällt und sich der Partner an der Betreuung des Kindes beteiligt. – Alleinerziehende, die das Elterngeld zum Ausgleich wegfallenden Erwerbseinkommens beziehen, können die vollen 14 Monate Elterngeld in Anspruch nehmen.
Antragstellung und Fristen	– Elterngeld muss schriftlich bei den zuständigen Elterngeldstellen der Bundesländer beantragt werden. – Jeder Elternteil kann für sich einmal einen Antrag auf Elterngeld stellen. – Der Antrag muss nicht sofort nach der Geburt des Kindes gestellt werden, rückwirkende Zahlungen werden jedoch nur für die letzten drei Monate vor Antragseingang geleistet.
Elternzeit	
Anspruchsberechtigte	– Arbeitnehmer/-innen, wenn sie mit ihrem Kind • in einem Haushalt leben und • dieses Kind selbst betreuen und erziehen. – Die Elternzeit kann (auch anteilig) von jedem Elternteil allein oder von beiden gemeinsam genommen werden. – Bei mehreren Kindern besteht der Anspruch für jedes Kind.
Antragstellung und Fristen	– Elternzeit muss • spätestens sieben Wochen vor Beginn • schriftlich vom Arbeitgeber verlangt werden. – Im Antrag muss auch erklärt werden, für welche Zeiten innerhalb von zwei Jahren Elternzeit genommen werden soll.
Dauer und Verteilung der Elternzeit	– Die maximale Dauer beträgt grundsätzlich 36 Monate. – Der Anspruch auf Elternzeit besteht bis zur Vollendung des dritten Lebensjahres des Kindes (aber: bis zu zwölf Monate Elternzeit sind mit Zustimmung des Arbeitgebers auf die Zeit bis zur Vollendung des achten Lebensjahres übertragbar). – Die Elternzeit kann • grundsätzlich auf zwei Zeitabschnitte verteilt werden, • vorzeitig beendet oder ggf. verlängert werden (mit Zustimmung des Arbeitgebers).
Beschäftigung während und nach der Elternzeit	– Der/die Arbeitnehmer/-in darf während der Elternzeit nicht mehr als 30 Wochenstunden erwerbstätig sein. – Der/die Arbeitnehmer/-in kann für die Dauer der Elternzeit grundsätzlich eine Verringerung der Arbeitszeit und ihre Ausgestaltung beantragen. – Nach der Elternzeit besteht das Recht, zu der Arbeitszeit zurückzukehren, die vor Beginn der Elternzeit vereinbart war.

4 Sozialversicherung

4.1 Zweige und Träger der Sozialversicherung

Zweige der gesetzlichen Sozialversicherung

Rentenversicherung

Träger:
- Deutsche Rentenversicherung (im Wesentlichen regional organisiert, z. B. Deutsche Rentenversicherung Westfalen)
- Deutsche Rentenversicherung Bund
- Deutsche Rentenversicherung Knappschaft-Bahn-See

Versicherte:
- alle Personen in einem unselbstständigen Beschäftigungsverhältnis oder in der Berufsaus-bildung
- Wehr- und Zivildienstleistende
- Bezieher von sogenannten Entgeltersatzleistungen wie Krankengeld und Arbeitslosengeld
- Mütter und Väter während bestimmter Zeiten der Kindererziehung

Ausgenommen sind:
- Landwirte (pflichtversichert in der Alterssicherung der Landwirte)
- Beamte
- geringfügig Beschäftigte

Arbeitslosenversicherung

Träger:
Bundesagentur für Arbeit mit:
- Hauptstelle in Nürnberg
- Regionaldirektionen (ehemals Landesarbeitsämter) und
- Agenturen für Arbeit (ehemals Arbeitsämter)

Versicherte:
alle Personen, die eine mehr als geringfügige Beschäftigung gegen Arbeitsentgelt ausüben

Ausgenommen sind u. a. Beamte, Soldaten, Personen, die das 65. Lebensjahr vollendet haben

Krankenversicherung

Träger:
gesetzliche Krankenkassen, z. B.:
- Allgemeine Ortskrankenkassen
- Angestellten-Krankenkassen
- Betriebskrankenkassen
- Innungskrankenkassen

Versicherte:
- Pflichtversicherte (Arbeitnehmer sind grundsätzlich versicherungspflichtig, wenn ihr Bruttogehalt eine bestimmte Höchstgrenze nicht überschreitet.)
- freiwillig Versicherte, z. B. Selbstständige
- Familienversicherte (beitragsfrei Kinder und unter bestimmten Voraussetzungen Ehe- oder Lebenspartner von Mitgliedern)

Pflegeversicherung

Träger:
Pflegekassen bei den gesetzlichen Krankenkassen

Versicherte:
wie gesetzliche Krankenkassen

Unfallversicherung

Träger:
- gewerbliche Berufsgenossenschaften
- landwirtschaftliche Berufsgenossenschaften
- Unfallversicherungsträger der öffentlichen Hand

Versicherte:
- alle Arbeitnehmer und Auszubildenden
- außerdem u. a.:
  - Landwirte
  - Kinder, die Tageseinrichtungen besuchen
  - Schüler und Studenten
  - Helfer bei Unglücksfällen
  - Zivil- und Katastrophenschutzhelfer
  - Blut- und Organspender
  - häuslichPflegende und Haushaltshilfen
  - Zeugen vor Gericht
  - Arbeitslose bei Erfüllung ihrer Meldepflichten
  - freiwillig versicherte Unternehmer

4.2 Finanzierung der Sozialversicherung

Eckpunkte der Finanzierung	
Rentenversicherung und Arbeitslosenversicherung	– Finanzierung je zur Hälfte durch Beiträge von Arbeitnehmern und Arbeitgebern – Beitragshöhe orientiert sich am beitragspflichtigen Einkommen des Versicherten. – Überschreitet das beitragspflichtige Einkommen die Beitragsbemessungsgrenze, wird der Beitrag auf Basis dieser Grenze errechnet. – Beitragsbemessungsgrenzen 2009: • West: 5900 Euro/Monat bzw. 64 800 Euro/Jahr • Ost: 4550 Euro/Monat bzw. 56 000 Euro/Jahr – Neben den Beiträgen tragen weitere Mittel zur Finanzierung bei: • *bei der Rentenversicherung* z. B. ein steuerfinanzierter Bundeszuschuss und Zinserträge der Rentenversicherungsträger • *bei der Arbeitslosenversicherung* z. B. Mittel des Bundes und Beiträge im Rahmen der freiwilligen Weiterversicherung
Krankenversicherung	– Finanzierung grundsätzlich je zur Hälfte durch Beiträge von Arbeitnehmern und Arbeitgebern (Von Arbeitnehmern und Rentnern wird ein zusätzlicher Beitragssatz von 0,9 % auf ihre beitragspflichtigen Einnahmen erhoben [bei einem Beitragssatz von 15,5 % zahlt ein Arbeitnehmer also 8,2 %, sein Arbeitgeber aber nur 7,3 %].) – Der Beitragssatz wird von der Bundesregierung festgelegt und beträgt 15,5 %. – Kommt eine Krankenkasse mit dem Beitragssatz nicht aus, kann sie einen Zusatzbeitrag erheben (höchstens ein Prozent). – Beitragshöhe orientiert sich am beitragspflichtigen Einkommen des Versicherten. – Überschreitet das beitragspflichtige Einkommen die Beitragsbemessungsgrenze, wird der Beitrag nur noch auf Basis dieser Grenze errechnet. – Beitragsbemessungsgrenze 2009: 3 675 Euro/Monat bzw. 44 100 Euro/Jahr – Arbeitnehmer, die wegen Überschreitens der Versicherungspflichtgrenze freiwillig versichert sind, haben Anspruch auf einen Beitragszuschuss des Arbeitgebers. – Für pflichtversicherte Rentner übernimmt der Rentenversicherungsträger die Hälfte der Beiträge und zahlt den Gesamtbeitrag direkt an die Krankenkasse. – Freiwillig versicherte Rentner zahlen ihren Beitrag selbst an ihre Krankenkasse (auf Antrag erhalten sie einen Beitragszuschuss des Rentenversicherungsträgers).
Pflegeversicherung	– Finanzierung wie bei der Krankenversicherung (identische Beitragsbemessungsgrenze) – Anders als bei der Krankenversicherung gibt es in der Pflegeversicherung einen einheitlichen Beitragssatz. – Die Beitragszahlung für bei der Arbeitsagentur registrierte Arbeitslose übernimmt die Bundesagentur für Arbeit.
Unfallversicherung	– Finanzierung durch die Arbeitgeber – Für die Versicherten ist die gesetzliche Unfallversicherung im Gegensatz zur Kranken-, Pflege-, Renten- und Arbeitslosenversicherung beitragsfrei.

4.3 Leistungen der Sozialversicherungsträger

Leistungen der Rentenversicherung		
Rentenart	**Voraussetzungen**	**Höhe der Leistung**
Altersrente	– Erreichen eines bestimmten Alters (die aktuelle Regelaltersgrenze von 65 Jahren wird ab 2012 schrittweise auf 67 Jahre angehoben) **und** – Erfüllung einer Mindestversicherungszeit **und** – Antragstellung Unter bestimmten Voraussetzungen ist Altersrente auch schon früher möglich (mit Abschlägen). Rentenantrag kann frühestens ab dem 60. Lebensjahr gestellt werden.	– bestimmt sich nach dem während des gesamten Versicherungslebens erzielten Arbeitsverdienst
Rente wegen Erwerbsminderung	– Der Versicherte kann aus medizinischen Gründen im Rahmen einer 5-Tage-Woche nicht mehr voll arbeiten, sondern – unter drei Stunden oder – drei bis unter sechs Stunden.	– volle Erwerbsminderungsrente (unter drei Stunden) – halbe Erwerbsminderungsrente (drei bis unter sechs Stunden)
Rente an Hinterbliebene	– Tod des Versicherten	– abhängig von der Art der Rente und dem rechnerischen Anspruch des Verstorbenen Beispiele: • große Witwenrente = 55 % des Anspruchs • kleine Witwenrente = 25 % des Anspruchs • Vollwaisenrente = 20 % des Anspruchs • Halbwaisenrente = 10 % des Anspruchs

Rentenformel:

monatliche Rentenhöhe = Ep · Zf · Rf · aRw

Ep (Entgeltpunkte): Errechnen sich aus dem beitragspflichtigen Entgelt (Bruttoverdienst). Bei der Rentenberechnung wird der individuelle Bruttoverdienst Jahr für Jahr zu dem jeweiligen Durchschnittsentgelt aller Arbeitnehmer ins Verhältnis gesetzt. Dieser Wert wird als Entgeltpunktwert des entsprechenden Jahres bezeichnet. Liegt das Entgelt höher, so erhält der Arbeitnehmer mehr Entgeltpunkte, liegt es niedriger, erhält er weniger Entgeltpunkte.

Zf (Zugangsfaktor): Mit diesem Faktor werden Zu- und Abschläge bei der Rentenberechnung berücksichtigt. Einen Zuschlag erhält man, wenn man nach Erreichen der Regelaltersgrenze zunächst auf die Altersrente verzichtet. Abschläge fallen an, wenn die Rente vorzeitig in Anspruch genommen wird. Wenn weder Zu- noch Abschläge zu berücksichtigen sind, beträgt der Faktor 1,0.

Rf (Rentenartfaktor): Dieser Faktor bestimmt die Höhe der Rente je nach Rentenart (Altersrente, Witwenrente, Erwerbsminderungsrente usw.).

aRw (aktueller Rentenwert): Der Wert wird regelmäßig angepasst. Der aktuelle Rentenwert drückt einen Betrag aus, welcher der monatlichen Rente entspricht, die ein Durchschnittsverdiener in einem Jahr erreichen kann. Der aktuelle Rentenwert beträgt seit dem 1. Juli 2008 26,56 Euro.

Leistungen zur Rehabilitation

Durch Maßnahmen der Rehabilitation sollen frühzeitige Rentenzahlungen verhindert und die Arbeitskraft erhalten werden. Es gilt der Grundsatz „Rehabilitation geht vor Rente".

Zum Leistungsspektrum gehören medizinische und andere Leistungen zur Teilhabe am Arbeitsleben, welche die Erwerbsfähigkeit kranker oder behinderter Menschen günstig beeinflussen, wie beispielsweise Heilbehandlungen in einer Reha-Klinik oder die Umschulung zu einem dem Leistungsvermögen angemessenen Beruf.

Ist die Erwerbsfähigkeit von Versicherten infolge von Krankheit oder Behinderung in einem bestimmten Umfang gesunken und versprechen Maßnahmen zur Rehabilitation keinen Erfolg, zahlt die Rentenversicherung Renten wegen verminderter Erwerbsfähigkeit (siehe Seite 43).

Leistungen der Arbeitslosenversicherung

Leistungsart	Voraussetzungen	Höhe und Dauer der Leistung
Arbeitslosengeld	– Arbeitslosigkeit **und** – Erfüllung der Anwartschaftszeit **und** – persönliche Arbeitslosmeldung Die Anwartschaftszeit hat erfüllt, wer in den letzten zwei Jahren vor der Arbeitslosmeldung und der eingetretenen Arbeitslosigkeit mindestens zwölf Monate in einem Versicherungspflichtverhältnis gestanden hat.	*Höhe der Leistung* ist abhängig von – dem durchschnittlichen beitragspflichtigen Arbeitsentgelt innerhalb des letzten Jahres vor Entstehung des Leistungsanspruches, – dem Vorhandensein eines Kindes, – der zu berücksichtigenden Lohnsteuerklasse. *Dauer der Leistung* (mindestens sechs, maximal 24 Monate) ist abhängig – vom Lebensalter, – davon, wie lange der Arbeitnehmer in den letzten fünf Jahren arbeitslosenversicherungspflichtig war.
Arbeitslosengeld II	Ansprüche auf Arbeitslosengeld II hängen grundsätzlich davon ab, ob der Arbeitnehmer eine der zahlreichen Fördermöglichkeiten annimmt und sich aktiv um die Integration in den Arbeitsmarkt bemüht. Außerdem müssen folgende Kriterien erfüllt sein: – mindestens 15 und noch nicht 65 Jahre alt **und** – erwerbsfähig **und** – hilfebedürftig **und** – gewöhnlicher Aufenthalt in der Bundesrepublik Deutschland **und** – Antragstellung *Hilfebedürftig* ist, wer seinen Unterhalt und den seiner Familie nicht aus eigenen Mitteln und Kräften (Einkommen, Vermögen, Arbeitskraft) decken kann. *Erwerbsfähig* ist, wer gesundheitlich in der Lage ist, mindestens drei Stunden am Tag zu arbeiten.	**Regelleistung**: soll die Kosten für Ernährung, Körperpflege, Hausrat und Bedürfnisse des täglichen Lebens (ohne Unterkunft und Heizung) pauschal abdecken Anspruch auf die volle Regelleistung (351 Euro) haben volljährige Alleinstehende, Alleinerziehende sowie Antragsteller, deren Partner minderjährig ist. Für (Ehe-)Partner und Kinder gelten geringere Beträge: – 316 Euro für (Ehe-)Partner – 211 Euro für Kinder bis 14 Jahre – 281 Euro für Kinder ab 14 Jahre

Weitere Leistungen

Sozialgeld: Nicht erwerbsfähige Hilfebedürftige erhalten Sozialgeld, wenn in ihrer Bedarfsgemeinschaft mindestens ein erwerbsfähiger Hilfebedürftiger lebt. Ausgenommen sind Kinder, die (z. B. aufgrund einer Behinderung) Anspruch auf Sozialhilfe nach dem Sozialgesetzbuch 12 haben.

Unterkunft und Heizung: Kosten der Unterkunft und Heizung werden, soweit sie angemessen sind, in der Höhe der tatsächlichen Aufwendungen übernommen. Für Besitzer eines eigenen Hauses oder einer Eigentumswohnung gehören zu den Kosten der Unterkunft die damit verbundenen Belastungen, jedoch nicht die Tilgungsraten für Kredite.

Zuständige Stelle für die Auszahlung von Arbeitslosengeld II, Sozialgeld und Kosten der Unterkunft ist in der Regel eine Arbeitsgemeinschaft aus einer Agentur für Arbeit und einer Kommune.

Weitere Leistungen der Arbeitslosenversicherung
- Förderung der Aufnahme einer Beschäftigung, z. B. Umzugskostenbeihilfe
- Unterstützung für Existenzgründer, z. B. Gründungszuschuss
- Unterstützung für ältere Arbeitnehmer, z. B. Zuschuss zum Arbeitsentgeld
- Unterstützung der Berufsausbildung, z. B. Beratung und Vermittlung, Berufsausbildungsbeihilfe
- Unterstützung der Weiterbildung, z. B. Übernahme von Kinderbetreuungskosten
- Insolvenzgeld
- Kurzarbeitergeld
- berufliche Rehabilitation behinderter Menschen

Leistungen der Kranken-, Pflege- und Unfallversicherungen	
Krankenversicherung	Beispiele für monetäre Leistungen: – Krankengeld bei Arbeitsunfähigkeit – Mutterschaftsgeld – Kostenübernahme bei Kuren Krankengeld wird gezahlt, wenn ein Versicherter länger als sechs Wochen krankheitsbedingt arbeitsunfähig ist. Der Versicherte erhält 70 % des Regellohns; das entgangene regelmäßige Nettoarbeitsentgelt darf jedoch nicht überschritten werden. Die Leistungsdauer ist bei Arbeitsunfähigkeit wegen derselben Krankheit auf 78 Wochen innerhalb von drei Jahren von Beginn der Arbeitsunfähigkeit an beschränkt. Tritt während dieser Zeit eine weitere Krankheit hinzu, wird die Leistungsdauer nicht verlängert. Bei Fortzahlung des Arbeitsentgelts, Beziehung von anderen Leistungen wie Arbeitslosengeld, Übergangsgeld u. a. ruht das Krankengeld. Beispiele für nicht monetäre Leistungen: – Medikamente – Krankenhausbehandlung – ärztliche Behandlung – zahnärztliche Behandlung – Gesundheitsvorsorge
Pflegeversicherung	– Maßgebend dafür, welche Leistungen Pflegebedürftige erhalten, ist der Grad der Hilfebedürftigkeit. Dieser wird vom Medizinischen Dienst der Krankenversicherung festgestellt: • Pflegestufe I = erheblich pflegebedürftig • Pflegestufe II = schwerpflegebedürftig • Pflegestufe III = schwerstpflegebedürftig – Die Pflegeversicherung erbringt Leistungen als Geld- oder Sachleistungen, mit denen die Grundpflege und die hauswirtschaftliche Versorgung finanziert werden.

Leistungen der Kranken-, Pflege- und Unfallversicherungen (Fortsetzung von Seite 46)	
Unfallversicherung	– Die gesetzliche Unfallversicherung hat vom Gesetzgeber einen Präventionsauftrag, d. h. sie soll • Arbeitsunfälle, • Berufskrankheiten, • arbeitsbedingte Gesundheitsgefahren mit allen geeigneten Mitteln, z. B. Erlass von Unfallverhütungsvorschriften verhüten. Daher stehen Beratungsleistungen im Mittelpunkt. – Bei einem Arbeitsunfall oder einer Berufskrankheit kommt die gesetzliche Unfallversicherung für die Folgen auf. Das heißt, sie sorgt für eine bestmögliche medizinische, berufliche und soziale Rehabilitation sowie ggf. für eine finanzielle Entschädigung. Beispiele: – umfassende Heilbehandlung – Leistungen zur Teilhabe am Arbeitsleben, z. B. Umschulung – Geldleistungen an Versicherte und Hinterbliebene Renten an Versicherte werden dann gezahlt, wenn die Erwerbsfähigkeit nicht vollständig wiederhergestellt werden kann, d. h. wenn eine Minderung von mindestens 20 Prozent vorliegt.

5 Mitwirkung und Mitbestimmung der Arbeitnehmer

Mitbestimmung ist die gesetzlich vorgeschriebene Beteiligung der Arbeitnehmer in personellen, sozialen und wirtschaftlichen Angelegenheiten der Betriebe und Unternehmen. Mitbestimmung im Betrieb wird über die Betriebsräte ausgeübt, Mitbestimmung im Unternehmen durch die Arbeitnehmervertreter im Aufsichtsrat.

5.1 Betriebliche Mitbestimmung

5.1.1 Organe und Institutionen nach dem Betriebsverfassungsgesetz

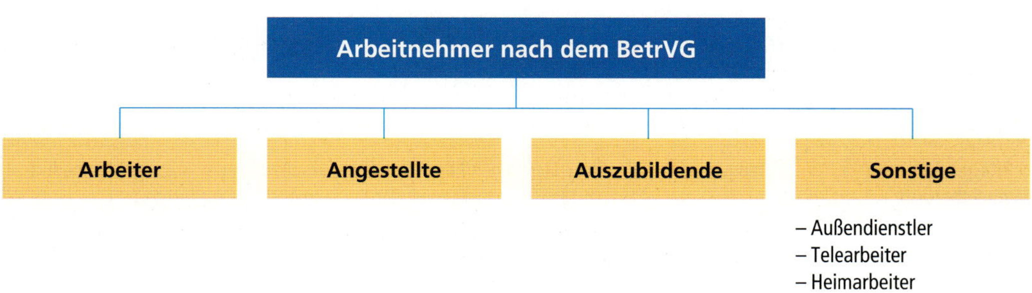

Organe und Institutionen nach dem BetrVG

Betriebsrat

- stellt die Vertretung der Arbeitnehmer gegenüber dem Arbeitgeber dar
- wird geheim und unmittelbar gewählt
- hat abgestufte Mitbestimmungsrechte in sozialen, personellen und wirtschaftlichen Angelegenheiten

Jugend- und Auszubildendenvertretung

- nimmt die besonderen Belange von jugendlichen Arbeitnehmern und Auszubildenden wahr
- wird geheim und unmittelbar gewählt
- kann grundsätzlich nur gebildet werden, wenn auch ein Betriebsrat besteht
- ist kein selbstständiges Organ der Betriebsverfassung
- ist dem Betriebsrat nachgeordnet

Betriebsversammlung

- Einladung durch den Betriebsrat
- kann vierteljährlich während der Arbeitszeit stattfinden
- Betriebsrat berichtet über seine Tätigkeit.
- Arbeitgeber wird zu jeder Versammlung eingeladen.
- Mindestens einmal im Kalenderjahr berichtet auch der Arbeitgeber, z. B. über die wirtschaftliche Lage des Betriebs.

Einigungsstelle

- Einrichtung zur Beilegung von Meinungsverschiedenheiten zwischen Arbeitgeber und Betriebsrat
- gleiche Anzahl von Arbeitgeber- und Arbeitnehmervertretern
- Getroffene Vereinbarungen werden schriftlich in Form von Betriebsvereinbarungen fixiert.
- Bei Nichteinigung sind die Arbeitsgerichte zuständig.

Betriebsrat	
Voraussetzungen zur Bildung	– Betriebsrat **kann** gebildet werden für Betriebe • mit in der Regel mindestens fünf ständigen wahlberechtigten Arbeitnehmern, • von denen drei wählbar sind.
wahlberechtigt (= aktives Wahlrecht)	– alle Arbeitnehmer, die das 18. Lebensjahr vollendet haben – Arbeitnehmer eines anderen Arbeitgebers (Zeitarbeitskräfte), wenn sie länger als drei Monate im Betrieb eingesetzt werden
wählbar (= passives Wahlrecht)	– alle wahlberechtigten Arbeitnehmer, die sechs Monate dem Betrieb angehören
Amtsdauer	– vier Jahre
allgemeine Aufgaben	– Überwachung der Durchführung der zugunsten der Arbeitnehmer geltenden Gesetze, Verordnungen usw. – Beantragung von Maßnahmen beim Arbeitgeber, die dem Betrieb und der Belegschaft dienen – Förderung der Durchsetzung der tatsächlichen Gleichstellung von Frauen und Männern – Förderung der Vereinbarkeit von Familie und Erwerbstätigkeit – Förderung der Eingliederung Schwerbehinderter und sonstiger besonders schutzbedürftiger Personen – Förderung der Beschäftigung älterer Arbeitnehmer im Betrieb – Förderung der Integration ausländischer Arbeitnehmer im Betrieb – Förderung und Sicherung der Beschäftigung im Betrieb – Förderung der Maßnahmen des Arbeitsschutzes und des betrieblichen Umweltschutzes – Vorbereitung und Durchführung der Wahl einer Jugend- und Auszubildendenvertretung – Entgegennahme, Beratung und Vertretung von Anregungen von Arbeitnehmern und der Jugend- und Auszubildendenvertretung

Jugend- und Auszubildendenvertretung (JAV)	
Voraussetzungen zur Bildung einer JAV	– Jugend- und Auszubildendenvertretung **kann** gebildet werden in Betrieben, in denen ein Betriebsrat besteht und mindestens fünf Arbeitnehmer beschäftigt werden, • die unter 18 Jahre alt sind (= jugendliche Arbeitnehmer) oder • die unter 25 Jahre alt sind**und** sich in der Ausbildung befinden. Beispiel: Ein Betrieb, in dem ein Betriebsrat besteht, beschäftigt zwei jugendliche Arbeitnehmer (16 und 17 Jahre alt) und drei Auszubildende (17, 19 und 23 Jahre alt). *JAV kann gebildet werden.*
wahlberechtigt (aktives Wahlrecht)	– alle Arbeitnehmer unter 18 Jahre – alle Auszubildenden unter 25 Jahre
wählbar (passives Wahlrecht)	– alle Arbeitnehmer unter 25 Jahre (Sie dürfen nicht gleichzeitig dem Betriebsrat angehören.)
Amtsdauer	– zwei Jahre
Aufgaben	– Beantragung von Maßnahmen beim Betriebsrat, die den jungen Mitarbeitern zugutekommen – Überwachung der Einhaltung der zugunsten der jungen Arbeitnehmer geltenden Gesetze, Verordnungen usw. – Weitergabe von berechtigten Beschwerden und Anregungen an den Betriebsrat

5.1.2 Beteiligungsrechte des Betriebsrats

Die Rechte des Betriebsrats sind in ihrer Intensität abgestuft. Sie sind am stärksten bei sozialen Angelegenheiten, etwas schwächer bei personellen Angelegenheiten und am schwächsten bei wirtschaftlichen Angelegenheiten.

Rechte des Betriebsrats		
Mitbestimmungsrechte im sozialen Bereich	**Widerspruchsrechte im personellen Bereich**	**Unterrichtungsrechte im wirtschaftlichen Bereich**
– soziale Angelegenheiten: • Betriebsordnung und Arbeitnehmerverhalten • Beginn, Ende und Verteilung der täglichen Arbeitszeit, Pausen • Zeit, Ort und Art der Entgeltzahlung • Urlaubsregelung • Einführung von technischen Einrichtungen zur Überprüfung von Verhalten und Leistung der Arbeitnehmer • Unfallverhütung • Sozialeinrichtungen • betriebliche Entlohnungsgrundsätze • Akkord- und Prämiensätze • betriebliches Vorschlagswesen • Überstunden – betriebliche Bildungsmaßnahmen – Sozialplan bei Betriebsveränderungen	– personelle Einzelmaßnahmen: • Versetzung • Ein-/Umgruppierungen • Kurzarbeit • Einstellungen – Kündigungen	– wirtschaftliche Angelegenheiten: • wirtschaftliche und finanzielle Lage des Betriebs • Produktions- und Absatzlage • Einführung neuer Arbeitsmethoden • Rationalisierungsmaßnahmen • betrieblicher Umweltschutz – Personalplanung – Arbeitsplatzgestaltung – Betriebsänderung und Betriebsstilllegung
Zustimmung des Betriebsrats ist zwingend erforderlich. Bei Nichteinigung erfolgt verbindliche Entscheidung durch die Einigungsstelle.	Betriebsrat kann Entscheidungen des Arbeitgebers widersprechen. Arbeitgeber kann dann das Arbeitsgericht oder die Einigungsstelle anrufen.	Zustimmung des Betriebsrats ist nicht erforderlich. Widerspruch des Betriebsrats bleibt ohne Rechtsfolgen.

5.2 Mitbestimmung auf Unternehmensebene

Mitbestimmung auf Unternehmensebene soll den Arbeitnehmern durch die Entsendung von Arbeitnehmervertretern in den Aufsichtsrat unmittelbaren Einfluss auf unternehmerische Planungen und Entscheidungen ermöglichen. Sie ist auf bestimmte Unternehmensformen und -größen beschränkt.

Mitbestimmung auf Unternehmensebene

Rechtsform und Größe der Unternehmen	gesetzliche Grundlage	Vertretung der Arbeitnehmer
Aktiengesellschaften mit 501 bis 2 000 Arbeitnehmern	Betriebsverfassungsgesetz von 1952	1/3 der Aufsichtsratsmitglieder werden von der Belegschaft gewählt, 2/3 von der Hauptversammlung als Versammlung der Eigentümer (Arbeitnehmer haben eine sog. Drittelparität).
Aktiengesellschaften, GmbH, KGaA und Genossenschaften mit mehr als 2 000 Arbeitnehmern	Mitbestimmungsgesetz von 1976	1/2 der Aufsichtsratsmitglieder (davon 1 Mitglied von den leitenden Angestellten) werden von der Belegschaft gewählt, 1/2 von der Hauptversammlung. In Pattsituationen bei Abstimmungen im Aufsichtsrat entscheidet der Aufsichtsratsvorsitzende, der bei einer erneuten Abstimmung 2 Stimmen hat. Im Vorstand ist ein Arbeitsdirektor für Personal- und Sozialfragen zuständig.
Kapitalgesellschaften der Montanindustrie und bestehende Konzerne, die mehr als 20 % ihrer Wertschöpfung mit Kohle oder Stahl erwirtschaften und mehr als 1 000 Arbeitnehmer haben	Montan-Mitbestimmungsgesetz von 1951	Der Aufsichtsrat besteht aus 11 Mitgliedern (5 Arbeitnehmervertreter, 5 Aktionärsvertreter + 1 von den AR-Mitgliedern hinzugewähltes Mitglied). Der gesamte Aufsichtsrat muss von der Hauptversammlung gewählt werden. Dem Vorstand muss ein Arbeitsdirektor angehören, der nicht gegen die Stimmen der Arbeitnehmervertreter bestellt werden kann. Er ist für Personal- und Sozialfragen zuständig.

6 Kollektives Arbeitsrecht

6.1 Tarifverträge

Tarifverträge schaffen Rechtsnormen für Arbeitsverhältnisse. Sie setzen verbindliche Mindestnormen für Arbeitsverträge.

Tarifparteien

- **Gewerkschaften**
- **Arbeitgeberverbände**
  in Ausnahmefällen auch einzelne – meist große – Arbeitgeber, z. B. VW

Tarifautonomie ist das im Tarifvertragsgesetz (TVG) festgeschriebene Recht der Tarifparteien, Tarifverträge in eigener Zuständigkeit und Verantwortung abzuschließen.

Tarifverträge

- sind Ergebnis der Verhandlungen der Tarifparteien
- werden im Tarifregister beim Bundesarbeitsministerium eingetragen
- enthalten Vereinbarungen über Löhne, Gehälter und andere arbeitsrechtliche Regelungen, z. B. Arbeitszeit
- sind verbindlich für die Mitglieder der Tarifvertragsparteien (Der Bundesminister für Arbeit und Soziales kann einen Tarifvertrag auf Antrag einer Tarifvertragspartei für allgemein verbindlich erklären, wenn dies im öffentlichen Interesse geboten erscheint. Der Tarifvertrag gilt dann für alle Arbeitnehmer, auch wenn ihr Arbeitgeber nicht Mitglied des Arbeitgeberverbandes ist.)
- Während der Laufzeit eines Tarifvertrags gilt die **Friedenspflicht**, d. h. das Verbot von Arbeitskampfmaßnahmen.

Arten von Tarifverträgen

Lohn- und Gehaltstarifvertrag

- regelt die Höhe von Löhnen und Gehältern sowie von Ausbildungsvergütungen
- Laufzeit in der Regel ein bis zwei Jahre

Manteltarifvertrag

- legt Lohn-/Gehaltsgruppen und deren Tätigkeitsmerkmale fest
- regelt andere Arbeitsbedingungen, die sich über einen längeren Zeitraum nicht ändern

Beispiele:
- Kündigungsfristen
- Urlaubsregelungen
- Arbeitszeit
- Arbeitsschutz
- Laufzeit in der Regel mehrere Jahre

Geltungsbereiche von Tarifverträgen

branchenbezogen

Beispiele:
- privates Bankgewerbe
- Metall- und Elektroindustrie
- Groß- und Außenhandel

räumlich

Beispiele:
- Bundestarifverträge
- Haustarifverträge (Firmentarife)
- Flächentarife

persönlich

Beispiele:
- Angestelltentarifverträge
- gewerbliche Tarifverträge

Beendigung von Tarifverträgen durch

- **Zeitablauf**
- **ordentliche Kündigung**
- **außerordentliche Kündigung**

  Beispiel:
  Die wirtschaftlichen Verhältnisse des Unternehmens verschlechtern sich und das Befolgen tariflicher Regelungen würde zur drohenden Existenzvernichtung des Unternehmens führen.

Tarifverträge gelten nach Ablauf weiter, bis sie durch eine andere Abmachung (Tarifvertrag) ersetzt werden.

6.2 Tarifverhandlungen und Arbeitskämpfe

Ablauf von Tarifverhandlungen	
1. Tarifverhandlungen	– Tarifverhandlungen werden von den Tarifparteien bei Ablauf oder Kündigung eines Tarifvertrags aufgenommen. – In dieser Phase kann es zu Demonstrationen, Streikandrohungen oder Warnstreiks kommen, um Druck auf die Arbeitgeber auszuüben.
2. Einigung oder Erklärung des Scheiterns	
3. evtl. Schlichtungsverfahren	– Kommt bei den Tarifverhandlungen keine Einigung zustande, **kann** mit Zustimmung der Tarifparteien ein Schlichtungsverfahren eingeleitet werden. – Eine Kommission aus Vertretern beider Seiten versucht eine Einigung herbeizuführen, häufig unter Vorsitz eines unparteiischen Dritten.
4. Erklärung des Scheiterns und Ende der Friedenspflicht	– Nach dem Ende der Friedenspflicht dürfen Arbeitskampfmaßnahmen ergriffen werden.
5. Urabstimmung über Streik	– Mitglieder der zuständigen Gewerkschaft stimmen ab. – Bei mindestens 75 % Zustimmung kann ein (organisierter) Streik ausgerufen werden.
6. Streik	– Auch Arbeitnehmer, die nicht in der Gewerkschaft organisiert sind, können sich am Streik beteiligen, erhalten aber kein Streikgeld von der Gewerkschaft.
7. evtl. Aussperrung (Gegenmaßnahme der Arbeitgeber)	– Der Arbeitgeber darf *alle* Arbeitnehmer aussperren (also auch die Arbeitswilligen), um seinerseits den Druck auf die Arbeitnehmerseite zu erhöhen.
8. Aufnahme neuer Verhandlungen mit dem Ziel einer Einigung	
9. Urabstimmung über das Verhandlungsergebnis und Streikende	– Falls 25 % der Gewerkschaftsmitglieder dem Verhandlungsergebnis zustimmen gilt der Arbeitskampf als beendet.
10. neuer Tarifvertrag	

Maßnahmen des Arbeitskampfes

Streik Kampfmaßnahme der Arbeitnehmer	**Aussperrung** Kampfmaßnahme der Arbeitgeber
– **organisierter Streik:** – von der Gewerkschaft organisiert und genehmigt – zulässig, wenn 75 % der Gewerkschaftsmitglieder zugestimmt haben und keine Friedenspflicht mehr besteht – Kündigungen der Arbeitnehmer durch die Arbeitgeber sind nicht erlaubt – **wilder Streik:** – nicht gewerkschaftlich organisiert bzw. legitimiert oder Verstoß gegen die Friedenspflicht – Kündigungen von Arbeitnehmern möglich	– Bestehende Arbeitsverhältnisse ruhen bis zum Ende des Arbeitskampfes und müssen danach wiederhergestellt werden.

6.3 Betriebsvereinbarungen

Betriebsvereinbarungen sind Verträge zwischen Arbeitgeber und Betriebsrat.
Durch Betriebsvereinbarungen können insbesondere geregelt werden:
- Maßnahmen zur Förderung der Vermögensbildung
- Einrichtung von betrieblichen Sozialeinrichtungen
- zusätzliche Maßnahmen zur Verhütung von Arbeitsunfällen und Gesundheitsschäden

1 Grundlagen des Wirtschaftens

1.1 Begriff Wirtschaften

Wirtschaften ist planvolles menschliches Handeln, um das Ungleichgewicht zwischen unbegrenzten Bedürfnissen und knappen Mitteln so auszugleichen, dass ein möglichst hohes Maß an Bedürfnisbefriedigung eintritt.

Wirtschaftliches Prinzip (ökonomisches Prinzip)

Minimalprinzip

- ein gegebenes Ziel mit möglichst geringem Mitteleinsatz erreichen

Beispiel:
Suche nach der kostengünstigsten Beförderungsmöglichkeit von Hannover nach Kiel

Maximalprinzip

- mit gegebenen Mitteleinsatz einen möglichst großen Erfolg erzielen

Beispiel:
Suche nach der höchsten Verzinsung für eine Tagesgeldanlage

Bedürfnis, Bedarf, Nachfrage	
Bedürfnis	Gefühl des Mangels mit dem Bestreben diesen Mangel zu beseitigen. Bedürfnisse werden oft eingeteilt in Elementarbedürfnisse, z. B. Hunger, Kulturbedürfnisse, z. B. Theater, und Luxusbedürfnisse wie z. B. Schmuck.
Bedarf	in konkreten Gütern ausgedrückter Wunsch zur Befriedigung der Bedürfnisse, z. B. Pommes frites zur Befriedigung des Hungers
Nachfrage	Bedarf an Gütern, der als Kaufwunsch an einem bestimmten Markt auftritt, z. B. Bestellung einer Portion Pommes frites an einem Imbissstand

1.2 Güter, Produktionsfaktoren

Arten der Güter nach der Verfügbarkeit

knappe Güter

- Knappe Güter stehen nur **beschränkt** zur Verfügung.
- Knappe Güter sind deshalb Gegenstand des Wirtschaftens.

freie Güter

- Freie Güter stehen **unbeschränkt** zur Verfügung, z. B. Luft und Wasser.
- Freie Güter sind grundsätzlich nicht Gegenstand des Wirtschaftens.
- Freie Güter können aufgrund der Umstände zu knappen Gütern und daher auch Gegenstand des wirtschaftlichen Handelns werden, z. B. Wasser.

Arten der Güter nach dem Verwendungszweck

Konsumgüter

– dienen unmittelbar der Bedürfnisbefriedigung

Beispiele:
– Verbrauchsgüter, z. B. Lebensmittel
– Gebrauchsgüter, z. B. Haushaltswaren

Produktionsgüter (Investitionsgüter)

– dienen unmittelbar der Produktion und mittelbar der Bedürfnisbefriedigung

Beispiele:
– Sachgüter, z. B. Maschinen
– Dienstleistungen, z. B. EDV-Beratung

volkswirtschaftliche Produktionsfaktoren

- **Arbeit**
- **Boden (Natur)**
- **Kapital**

betriebswirtschaftliche Produktionsfaktoren

- **Arbeit**
- **Betriebsmittel**
- **Werkstoffe**

Als weiterer Produktionsfaktor wird zunehmend **Information**, z. B. in Form von technischem Wissen, betrachtet.

1.3 Wirtschaftsordnung

1.3.1 Begriff Wirtschaftsordnung

Die Wirtschaftsordnung legt die Rahmenbedingungen des Wirtschaftens fest:
– Wer stellt die Wirtschaftspläne auf?
– Wie werden die Wirtschaftspläne koordiniert?
– Wer hat die Verfügung über die Produktionsmittel?
– Wo werden die Entscheidungen über den Einsatz der Produktionsfaktoren und über die Verteilung des Produktionsergebnisses getroffen?

Grundtypen der Wirtschaftsordnung

- **Marktwirtschaft**
- **Zentralverwaltungswirtschaft**
- **kooperative Wirtschaft**

Vergleich der Wirtschaftsordnungen

	Marktwirtschaft	Zentralverwaltungswirtschaft	kooperative Wirtschaft
Aufstellung der Wirtschaftspläne	alle Wirtschaftsteilnehmer	Staat, zentrale Planungsbehörde	Gruppen, z. B. Sozialpartner
Koordination der Wirtschaftspläne	Markt	zentraler Plan	Absprachen, Vereinbarungen
Eigentum	Privateigentum	Staatseigentum bzw. kollektives Eigentum	Gruppeneigentum, Privateigentum
Entscheidungsgewalt über den Einsatz der Produktionsfaktoren und die Verteilung der Ergebnisse	Wirtschaftsteilnehmer	Planungsbehörde	Gruppen, z. B. Räte, Zünfte

1.3.2 Marktwirtschaft als idealtypische Wirtschaftsordnung

Merkmale der freien Marktwirtschaft

freie Märkte
- freie Preisbildung
- keine staatlichen Eingriffe
- keine Subventionen
- keine Wettbewerbsbeschränkungen

Konsumfreiheit
- selbstständige Entscheidung über den Konsum
- Einkommen der Konsumenten werden durch Leistung und Marktposition bestimmt.

freies Unternehmertum
- Vertragsfreiheit
- Gewerbe- und Niederlassungsfreiheit

Tarifautonomie
- Tarifpartner handeln Löhne und Gehälter unabhängig (autonom) nach Angebot und Nachfrage aus.

Privateigentum
- jeder Wirtschaftsteilnehmer kann Eigentum erwerben.
- keine Enteignungen
- keine Verstaatlichungen

Erfahrungen in der Vergangenheit belegen, dass in freien Marktwirtschaften durch Konzentrationen der Marktmacht in Oligopolen und Monopolen eine Benachteiligung sozial Schwächerer eintritt. Deshalb sind heute soziale Marktwirtschaften verbreitet.

1.3.3 Soziale Marktwirtschaft als realtypische Wirtschaftsordnung

Im Gegensatz zum Modell der freien Marktwirtschaft greift der Staat in der Bundesrepublik Deutschland auf Basis des Grundgesetzes aktiv in das Wirtschaftsleben ein, um sozialen Ausgleich, soziale Gerechtigkeit und Chancengleichheit zu verwirklichen.

Gründe für staatliche Eingriffe

- **Unterbindung schädigenden Wettbewerbs**
- **Förderung sozialer Interessen wie soziale Gerechtigkeit und Chancengleichheit**
- **Schutz bestimmter Gruppen oder Wirtschaftsbereiche**
- **Sicherung von Geldwertstabilität, Wirtschaftswachstum, außenwirtschaftlichem Gleichgewicht und Vollbeschäftigung**

2 Markt als Zusammentreffen von Angebot und Nachfrage

2.1 Märkte und Marktformen

Märkte dienen der Koordination von Angebot und Nachfrage über den Preis.

Arten von Märkten

Gütermärkte

Zusammentreffen von Angebot und Nachfrage nach Gütern

Beispiele:
- Konsumgütermarkt
- Investitionsgütermarkt

Faktormärkte

Zusammentreffen von Angebot und Nachfrage nach Produktionsfaktoren

Beispiele:
- Arbeitsmarkt
- Immobilienmarkt
- Kapitalmarkt

Funktionen von Märkten

Austausch

Zusammenführung von Angebot und Nachfrage

Beispiel Effektenbörse:
Sammlung von Wertpapierkauf- und verkaufsaufträgen in einem Orderbuch

Bewertung

Ermittlung von Marktpreisen

Beispiel Effektenbörse:
Feststellung von Börsenpreisen für handelbare Kapitalwertpapiere

Marktformen

vollkommene Konkurrenz

Polypol

viele Marktteilnehmer auf der Angebots- und auf der Nachfrageseite

Beispiel:
Wochenmärkte

eingeschränkte Konkurrenz

Monopol

ein Marktteilnehmer auf der Angebots- und/oder Nachfrageseite

Beispiel:
Bundeswehr als Nachfragemonopolist für Rüstungsgüter

Oligopol

wenige Marktteilnehmer auf der Angebots- und/oder Nachfrageseite

Beispiele:
Mineralölunternehmen, Fluggesellschaften als Angebotsoligopolisten

Für die Zuordnung einer Marktform sind räumliche Abgrenzungen des Marktes wichtig. So kann z. B. ein Angebotsmonopol in einem Dorf bei Betrachtung des gesamten Landkreises ein Polypol sein.

2.2 Angebot und Nachfrage

Angebot und Nachfrage sind abhängig vom Preis.

Die Reaktionsweise von Anbietern und Nachfragern auf den Märkten lässt sich mithilfe von Kurvendiagrammen darstellen.

Kurvendarstellung von Angebot und Nachfrage

klassische Angebotskurve

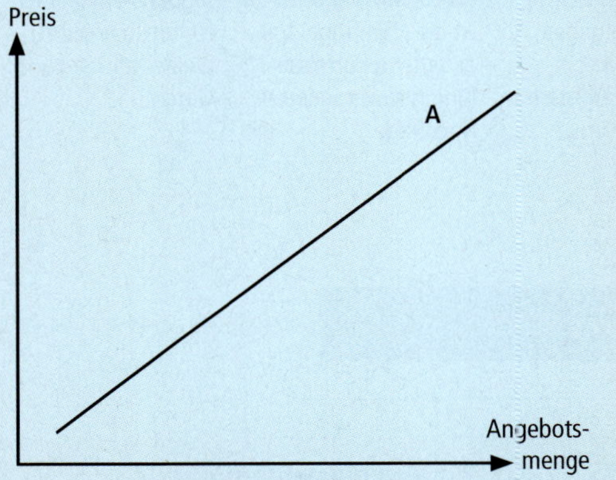

Je höher der Preis, desto größer ist die angebotene Menge

klassische Nachfragekurve

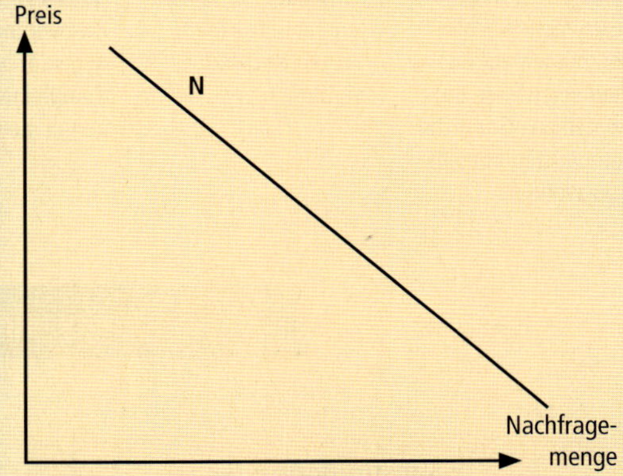

Je höher der Preis, desto niedriger ist die nachgefragte Menge

2.3 Marktpreisbildung

2.3.1 Preisbildung im Modell der vollkommenen Konkurrenz

Um die Zusammenhänge der Preisbildung an Märkten zu verstehen, werden Modelle genutzt, die das Verhalten von Anbietern und Nachfragern idealtypisch abbilden. Im Modell der vollkommenen Konkurrenz treffen viele Anbieter auf viele Nachfrager (Polypol).

Bedingungen vollkommener Märkte

Homogenität

Alle am Markt gehandelten Güter müssen gleichartig (homogen) sein.

Beispiel:
börsennotierte Aktien in Girosammelverwahrung

hohe Reaktionsgeschwindigkeit

Alle Marktteilnehmer können ohne Zeitverzögerung auf Markteinflüsse sofort reagieren.

Beispiel:
elektronischer Börsenhandel auf Xetra

keine Präferenzen

Kein Marktteilnehmer hat Vorlieben (Präferenzen).

Beispiel:
Im anonymen elektronischen Börsenhandel können sich keine räumlichen, zeitlichen oder persönlichen Vorlieben ergeben.

Markttransparenz

Alle Marktteilnehmer kennen die angebotenen und nachgefragten Mengen und Preise qualitativ gleichartiger Güter.

Beispiel:
offenes Orderbuch im elektronischen Börsenhandel

2.3.1.1 Bestimmungsfaktoren der Nachfrage

Bestimmungsfaktoren der Nachfrage

Preis	Zukunftserwartung	Preise anderer Güter	Bedürfnisstruktur	Einkommen
Je höher der Preis eines Gutes steigt, desto mehr Nachfrager müssen auf den Kauf verzichten, da sie sich das Gut nicht mehr leisten können oder wollen.	Die Erwartung künftig steigender Preise kann bereits im Vorfeld die Nachfrage erhöhen.	Bei Substitutionsgütern wirken sich Preisveränderungen gegenläufig, bei Komplementärgütern genau gleich aus.	Je stärker ein Bedürfnis ist, umso größer ist die Nachfrage. Veränderte Bedürfnisse führen zu veränderter Nachfrage.	Je höher das verfügbare Einkommen ist, umso höher ist die Nachfrage nach Gütern.

Preise anderer Güter

Substitutionsgüter

Substitutionsgüter sind austauschbar, da sie dieselbe Funktion haben.

Beispiele:
- CD-Player und MP3-Player
- Butter und Margarine

→ Steigt der Preis für ein Gut, sinkt in der Folge die Nachfrage. Dafür steigt die Nachfrage nach dem preisgünstigeren Substitutionsgut.

Komplementärgüter

Komplementärgüter ergänzen sich, da sie zusammen eine Nutzeneinheit bilden.

Beispiele:
- CD und CD-Player
- Kraftstoffe und Kraftfahrzeuge

→ Steigt der Preis für ein Gut und sinkt in der Folge die Nachfrage, so sinkt auch die Nachfrage nach dem Komplementärgut.

Veränderungen der Nachfragefunktion

Verringerung der Nachfrage

Ursachen:
- Rückgang des verfügbaren Einkommens
- Steuererhöhungen
- Preiserhöhung für Komplementärgüter (Ein steigender Preis für CD-Player führt auch zu sinkender Nachfrage bei CDs.)
- Preissenkung für Substitutionsgüter (Ein sinkender Preis für MP3-Player führt zu Nachfragerückgängen bei CD-Playern.)

→ **Nachfragefunktion verschiebt sich nach links. Der Preis sinkt.**

Erhöhung der Nachfrage

Ursachen:
- Erhöhung des verfügbaren Einkommens
- Steuersenkungen
- Preissenkung für Komplementärgüter (Ein sinkender Preis für CD-Player führt auch zu erhöhter Nachfrage bei CDs.)
- Preiserhöhung für Substitutionsgüter (Ein höherer Preis für MP3-Player führt zu erhöhter Nachfrage bei CD-Playern.)

→ **Nachfragefunktion verschiebt sich nach rechts. Der Preis steigt.**

Die Preiselastizität der Nachfrage gibt Auskunft darüber, wie Nachfrager auf Preisveränderungen reagieren. Sie ist besonders für die Preispolitik der Anbieter wichtig.

$$\text{Preiselastizität} = \frac{\text{relative Mengenänderung (\%)}}{\text{relative Preisänderung (\%)}}$$

Preiselastizität der Nachfrage

unelastische Nachfrage

Beispiel:

Ein Anbieter verkauft 100 Stück für je 10 Euro.
Er senkt den Stückpreis auf 5 Euro, der Absatz erhöht sich auf 110 Stück.

$$\frac{\text{Mengenänderung } 10\,\%}{\text{Preisänderung } 50\,\%}$$

Die Preiselastizität beträgt 0,2.

Der Umsatz sinkt trotz der Preissenkung von 1 000 Euro (100 · 10 Euro) auf 550 Euro (110 · 5 Euro).

elastische Nachfrage

Beispiel:

Ein Anbieter verkauft 100 Stück für je 100 Euro.
Er senkt den Stückpreis auf 95 Euro, der Absatz erhöht sich auf 110 Stück.

$$\frac{\text{Mengenänderung } 10\,\%}{\text{Preisänderung } 5\,\%}$$

Die Preiselastizität beträgt 2.

Der Umsatz steigt durch die Preissenkung von 10 000 Euro (100 · 100 Euro) auf 10 450 Euro (110 · 95 Euro).

Aussagen der Preiselastizität

Preise Elastizität < 1 = unelastische Nachfrage

Die relative Mengenänderung ist **kleiner** als die relative Preisänderung.
Sinkende Ausgaben der Nachfrager führen zu sinkendem Umsatz bei den Anbietern.

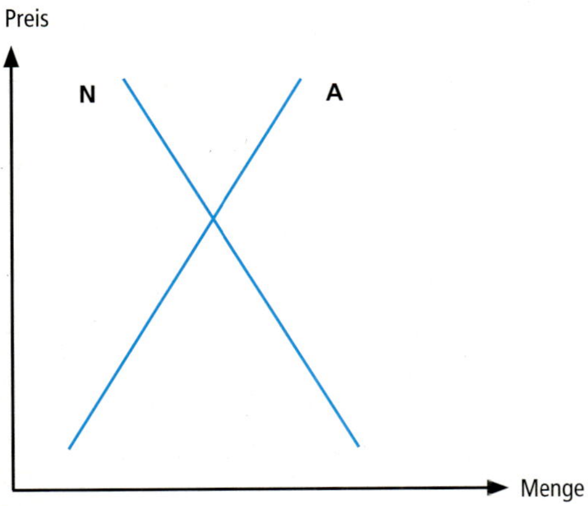

Preise Elastizität > 1 = elastische Nachfrage

Die relative Mengenänderung ist **größer** als die relative Preisänderung.
Steigende Ausgaben der Nachfrager führen zu steigendem Umsatz bei den Anbietern.

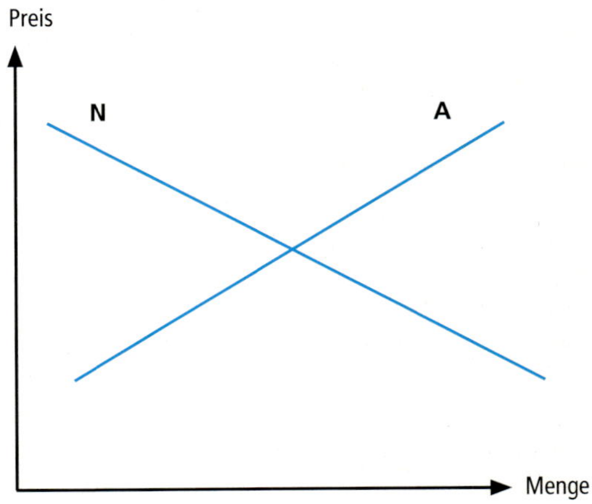

2.3.1.2 Bestimmungsfaktoren des Angebots

Bestimmungsfaktoren des Angebots

Preis	Zukunfts-erwartungen	Preise anderer Güter	Kosten der Produktionsfaktoren	technische Entwicklung
Je höher der Preis ist, umso mehr Anbieter kommen mit dem Ziel der Gewinnmaximierung auf den Markt und bieten an, bis der Gleichgewichtspreis erreicht ist.	Eine positive Gewinnerwartung bei Verkauf der Güter lässt das Angebot steigen.	Bei Substitutionsgütern wirken sich Preisveränderungen gegenläufig, bei Komplementärgütern genau gleich aus.	Steigende Preise für Produktionsfaktoren erhöhen die Produktionskosten und führen bei gegebenem Preis zu rückläufigem Angebot.	Je stärker der technische Fortschritt in der Produktion ist, umso niedriger sind die Kosten. Das führt zu einer Angebotsausweitung.

Bei verderblichen Gütern wie beispielsweise Lebensmitteln bestimmt auch die Lagerfähigkeit das Angebot.

Kosten als Preisfaktor

variable Kosten	fixe Kosten
von der Produktionsmenge abhängige Kosten Beispiele: – Akkordlöhne – Materialkosten Bei zunehmender Produktionsmenge erhöhen die variablen Kosten die Gesamtkosten je Stück. Die variablen Kosten pro Stück bleiben gleich (proportionale Kosten).	**von der Produktionsmenge unabhängige Kosten** Beispiele: – Abschreibungskosten für Gebäude – Monatsgehälter Bei zunehmender Produktionsmenge erhöhen sich die Gesamtkosten nicht. Die Fixkosten pro Stück werden aber kleiner (Fixkostendegression).

Gesetz der industriellen Massenproduktion: Bei steigender Ausbringungsmenge sinken die Fixkosten je Stück und damit die Stückkosten.

Da die gesamten Stückkosten bei zunehmender Produktionsmenge durch den Effekt der Fixkostendegression sinken, kann der Preis gesenkt werden. Das führt zu einer Erhöhung der Nachfrage.

Zusammenhang von Kosten, Erlösen und Break-even-Menge

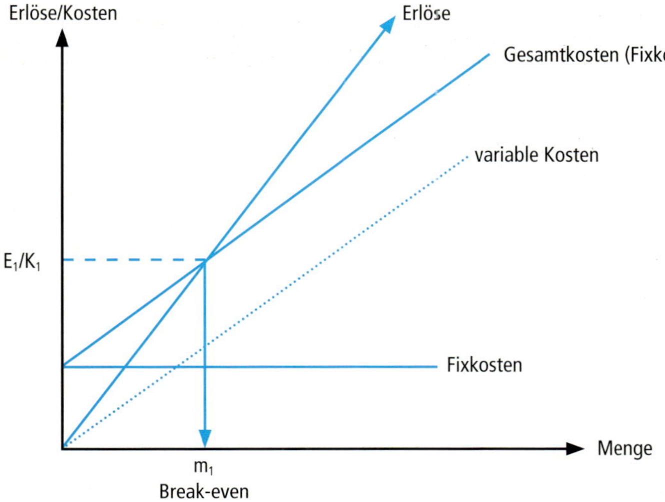

Am Schnittpunkt der Erlösgerade (Preis · Absatzmenge) mit der Gesamtkostengerade ergibt sich die Break-even-Schwelle.

Break-even-Schwelle: $\frac{\textbf{Fixkosten}}{\textbf{Deckungsbeitrag pro Stück}}$

Deckungsbeitrag pro Stück = Preis – variable Kosten

Aussagen zur Break-even-Schwelle

Absatzmenge < Break-even-Schwelle	**Absatzmenge > Break-even-Schwelle**
– Die gesamten Erlöse decken nicht die Gesamtkosten. – Es entsteht Verlust.	– Die gesamten Erlöse übersteigen die Gesamtkosten. – Es entsteht Gewinn.

2.3.1.3 Gleichgewichtspreis

Der Gleichgewichtspreis ist der Preis, zu dem Angebot und Nachfrage auf einem Markt ausgeglichen sind. Alle Nachfrager, die bereit sind, diesen oder einen höheren Preis zu bezahlen, werden zu diesem Preis versorgt. Alle Anbieter, die zu diesem oder zu einem niedrigeren Preis verkaufen wollen, können ihre angebotenen Mengen zu diesem Preis absetzen.

Gleichgewichtspreis

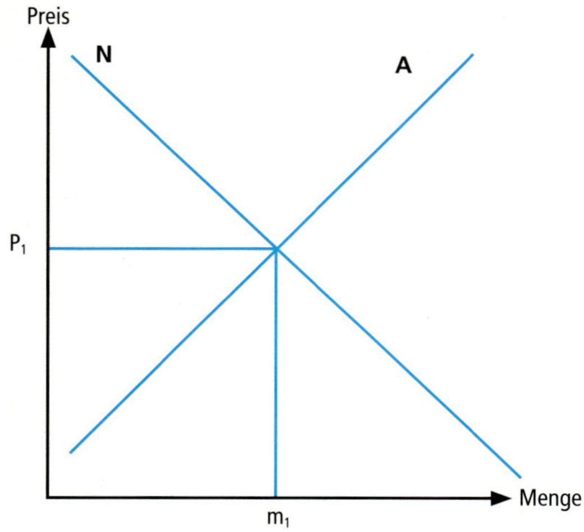

Funktionen des Gleichgewichtspreises

Marktausschaltungsfunktion

Nachfrager, die den Gleichgewichtspreis nicht zahlen wollen oder können, scheiden aus.
Anbieter, die zum Gleichgewichtspreis nicht anbieten können, scheiden aus.

Ausgleichsfunktion

Zum Gleichgewichtspreis stimmen angebotene und nachgefragte Menge überein. Der Markt wird geräumt.

Lenkungsfunktion

Der Gleichgewichtspreis lenkt die Güterproduktion automatisch zu Produkten mit den größten Gewinnchancen.

Signalfunktion

Anbieter werden dazu angehalten, möglichst kostengünstig zu produzieren. Nachfrager werden dazu angehalten, Preisvergleiche anzustellen.

Erziehungsfunktion

Veränderungen des Gleichgewichtspreises zeigen Veränderungen der Knappheit von Gütern. Bei wenig nachgefragten Gütern fällt der Preis, bei begehrten Gütern steigt der Preis.

Verhalten der Marktteilnehmer und Preispolitik in vollkommenen Märkten

Marktpreis < Gleichgewichtspreis

- Es besteht eine **Angebotslücke** (Nachfrageüberhang).
- **Verkäufermarkt**, da Anbieter in stärkerer Position

Folgen:
Anbieter heben den Preis an, um den Nachfrageüberhang zu decken. Zusätzliche Anbieter treten in den Markt ein und weiten die Angebotsmenge aus.
→ Marktpreis steigt bis Gleichgewichtspreis.

Marktpreis > Gleichgewichtspreis

- Es besteht eine **Nachfragelücke** (Angebotsüberhang).
- **Käufermarkt**, da Nachfrager in stärkerer Position

Folgen:
Anbieter können aufgrund mangelnder Nachfrage ihre Produktion nur teilweise absetzen und senken den Preis. Anbieter scheiden aus dem Markt aus, wodurch die angebotene Menge sinkt.
→ Marktpreis sinkt bis Gleichgewichtspreis.

2.3.1.4 Produzenten- und Konsumentenrente

Produzenten- und Konsumentenrente

Produzentenrente

Der Anbieter, der bereit gewesen wäre, das Gut zu einem Preis (z. B. 150 Euro) unterhalb des Gleichgewichtspreises (z. B. 200 Euro) anzubieten, erzielt eine Produzentenrente (50 Euro).

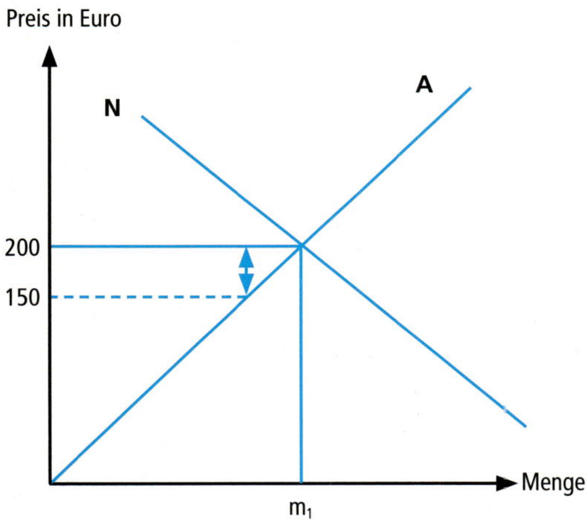

Konsumentenrente

Der Nachfrager, der bereit gewesen wäre, das Gut zu einem Preis (z. B. 300 Euro) oberhalb des Gleichgewichtspreises (z. B. 200 Euro) nachzufragen, erzielt eine Konsumentenrente (100 Euro).

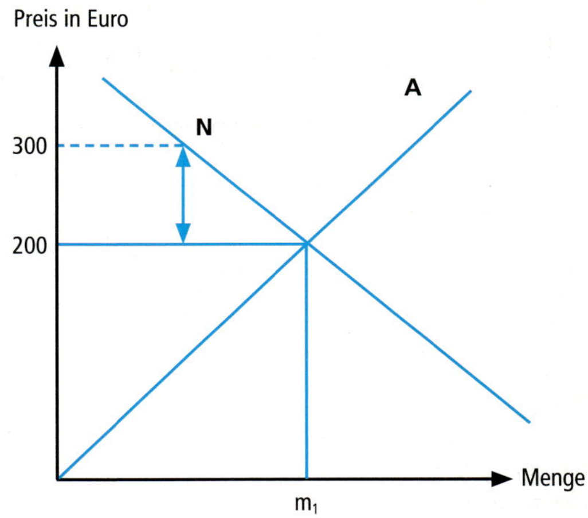

2.3.2 Preisbildung auf unvollkommenen Märkten

Auf unvollkommenen Märkten betreiben Anbieter *Preisdifferenzierung*, um damit ihren Gewinn zu erhöhen. Preisdifferenzierung bedeutet, den Gesamtmarkt in Teilmärkte aufzuteilen und auf diesen dann gleiche Güter zu unterschiedlichen Preisen zu verkaufen.

Beispiel:
Ein Kinobetreiber verkauft Eintrittskarten für alle Vorstellungen an einem Dienstag zum halben Preis. Er hat festgestellt, dass sein Kino an Dienstagen sonst fast leer bleibt.

2.3.2.1 Preisbildung beim unvollkommenen Angebotsmonopol

Ein Angebotsmonopolist kann seinen Gewinn durch Preisdifferenzierung steigern und damit einen Teil der Konsumentenrente (vgl. Abschnitt 2.3.1.4) abschöpfen. Dazu verlangt er von den Nachfragern einen höheren Preis, die entsprechend der Nachfragefunktion bereit waren, einen höheren als den Gleichgewichtspreis zu zahlen.

2.3.2.2 Preisbildung beim unvollkommenen Polypol

Ein unvollkommenes Polypol ist die am häufigsten vorkommende Marktform. Durch Einsatz von Marketing (vgl. Abschnitte 2.4 und 4) kann sich ein Anbieter in begrenztem Rahmen

Freiraum für eine eigene Preispolitik schaffen. Er versucht beispielsweise durch besondere Servicequalität persönliche Präferenzen (Vorlieben) zu schaffen, die ihm Preisspielräume eröffnen. Die Nachfragefunktion enthält dann einen monopolistischen Bereich und wird als doppelt geknickte Preis-Absatz-Funktion bezeichnet.

Doppelt geknickte Preis-Absatz-Funktion

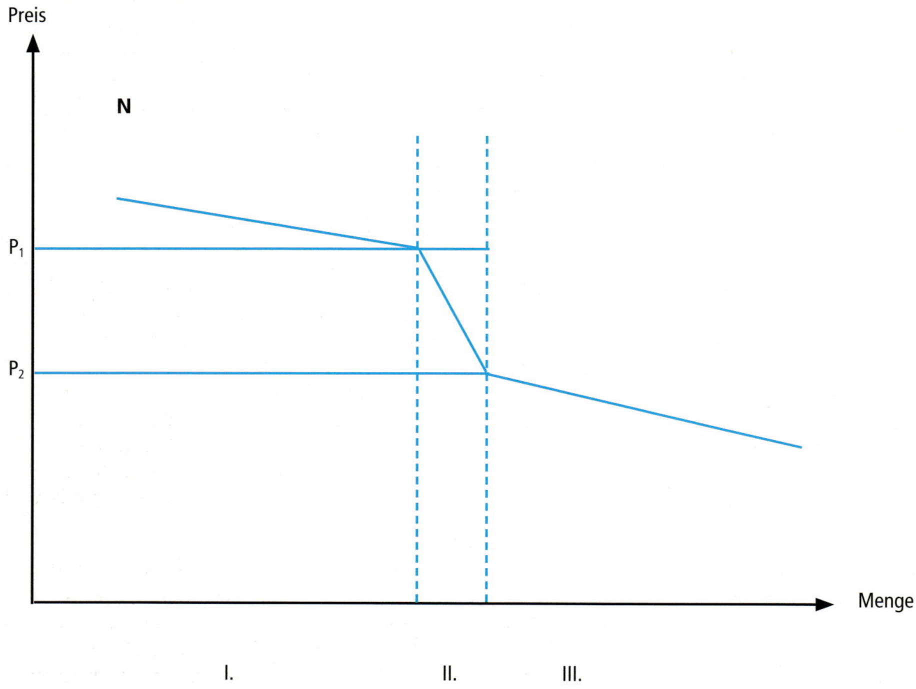

Im Bereich I. verliert der Anbieter zunehmend Kunden an Konkurrenten, wenn er über P_1 liegende höhere Preise verlangt.

Im Bereich II. kann der Anbieter eine Preispolitik wie ein Monopolist betreiben.

Im Bereich III. bewegt sich der Anbieter wieder im Polypol. Preissenkungen unter P_2 würden zu einer erhöhten Nachfrage führen, die der Anbieter aufgrund seiner Größe gar nicht befriedigen könnte.

2.3.2.3 Preisbildung beim unvollkommenen Angebotsoligopol

Das unvollkommene Angebotsoligopol ist in weitentwickelten Volkswirtschaften eine häufige Marktform. Die Preisbildung lässt sich hier ebenfalls mit einer doppelt geknickten Preis-Absatz-Funktion beschreiben.

Der monopolistische Preisspielraum ist für den einzelnen Anbieter meist sehr klein, da der Markt aufgrund der geringen Anbieterzahl für Nachfrager transparenter ist als im Polypol.

2.4 Preispolitik der Unternehmen in unterschiedlichen Marktsituationen

Marktform	Preispolitik im Modell	Preispolitik in der Realität der unvollkommenen Märkte
Polypol (viele Anbieter, viele Nachfrager)	Im Modell existiert ein einheitlicher Marktpreis (Gleichgewichtspreis). – Setzt ein Unternehmen den Preis über dem Gleichgewichtspreis fest, so verkauft es nichts. – Setzt ein Unternehmen den Preis unter dem Gleichgewichtspreis an, so zieht es die gesamte Nachfrage an, die es aus Kapazitätsgründen nicht bewältigen kann. – Da ein einzelnes Unternehmen den Marktpreis nicht beeinflussen kann, gibt es keine Preispolitik, sondern nur Entscheidungen über die Absatzmenge.	Durch Marketing (vgl. Abschnitt 4) wird versucht, persönliche Präferenzen (Servicequalität und Kundenfreundlichkeit), räumliche Präferenzen (Filialnetz) und zeitliche Präferenzen (Öffnungszeiten, Internetfilialen) zu schaffen, die Raum für Preispolitik gewähren. Angebotene Bankdienstleistungen werden zusätzlich durch Produktpolitik individualisiert, um die transparente Preisbildung in vollkommenen Märkten zu umgehen.
Angebotsoligopol (wenige Anbieter, viele Nachfrager)	Im Modell kann ein Unternehmen Preis- und Mengenpolitik unter Beachtung der eingeschränkten Konkurrenz betreiben. Will es die Absatzmenge durch Preissenkungen erhöhen, so wird die Absatzsteigerung nicht vollständig eintreten. Mitanbieter werden ebenfalls ihre Preise senken und so Nachfrage anziehen. Bei Preiserhöhungen werden Mitanbieter ihren Preis nicht unbedingt verändern.	Unternehmen versuchen offen oder verdeckt, z. B. durch Kartelle oder Preisabsprachen, den Markt unter sich aufzuteilen. Das hat oft staatliche Eingriffe zur Folge. Kurzfristig kann ein sehr großer Anbieter versuchen, durch Dumpingpreise (Kampfpreise) andere Anbieter auszuschalten. Das führt zunächst zu sehr niedrigen Preisen, kann aber danach durch die marktbeherrschende Stellung zu monopolistischen Preisen führen.
Angebotsmonopol (ein Anbieter, viele Nachfrager)	Der Monopolist setzt die Menge und den Preis so fest, dass sein Gewinn maximiert wird. Er erhöht die Absatzmenge so lange, bis der Erlös aus einem zusätzlich verkauften Stück gerade noch die Kosten deckt. Bei jedem weiteren Stück würde er zuzahlen und so seinen Gesamtgewinn verringern.	Verlangt ein Monopolist Preise, die in der Öffentlichkeit als zu hoch wahrgenommen werden, so muss er mit negativen Reaktionen rechnen, z. B. Ruf nach Preiskontrollen oder Verstaatlichung. Sofern keine Markteintrittshürden bestehen, locken Monopolgewinne zusätzliche Unternehmen in den Markt und führen zur Aufgabe des Angebotsmonopols.

2.5 Staatliche Eingriffe in die Preisbildung

staatliche Eingriffe in die Preisbildung

marktkonforme Eingriffe

- Staat tritt selbst als Anbieter oder Nachfrager an Märkten auf.
- – staatliche Subventionen, z. B. Beihilfen für Landwirtschaft
  – staatliche Transferzahlungen, z. B. Wohngeld
  – steuerliche Vorteile, z. B. Riesterförderung

nicht marktkonforme Eingriffe

- **Mindestpreis**: Der Preis darf nicht unterschritten, wohl aber überschritten werden.
- **Höchstpreis**: Der Preis darf nicht überschritten, wohl aber unterschritten werden.
- **Festpreis**: Der Preis darf weder über- noch unterschritten werden, z. B. Honorarordnung für Notare.

Beispiel zum staatlichen Mindestpreis

Zum Schutz der Milchbauern setzt der Staat einen Mindestpreis für Milch von 0,50 Euro je Liter fest.
Die Folge ist ein Angebotsüberhang, der durch staatliche Aufkäufe beseitigt werden muss. Durch die Verarbeitung zu Milchpulver versucht der Staat der Vernichtung von Überschüssen zu entgehen.

Mindestpreis

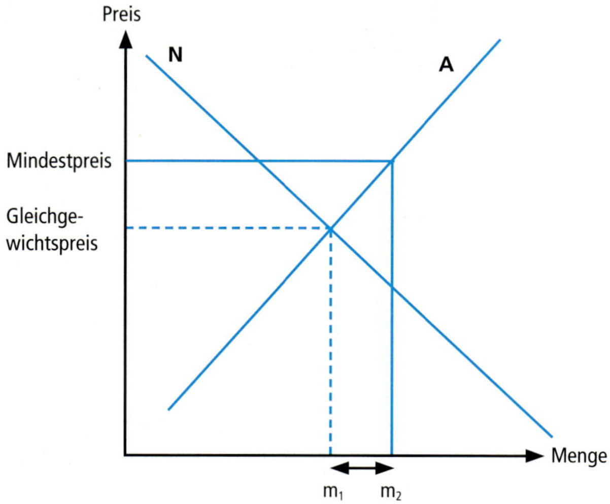

m_1 = Absatzmenge zum Gleichgewichtspreis
m_2 = angebotene Menge zum Mindestpreis
$m_2 - m_1$ = Angebotsüberhang

Beispiel zum staatlichen Höchstpreis

Aus sozialen Gründen wird der Höchstpreis für das Grundnahrungsmittel Milch auf 0,30 Euro je Liter festgesetzt.
Die Folge ist ein Nachfrageüberhang, der durch Anbieter nicht befriedigt werden kann. Die Entstehung eines Schwarzmarkthandels versucht der Staat durch Rationierung über die Ausgabe von Lebensmittelkarten zu vermeiden.

Höchstpreis

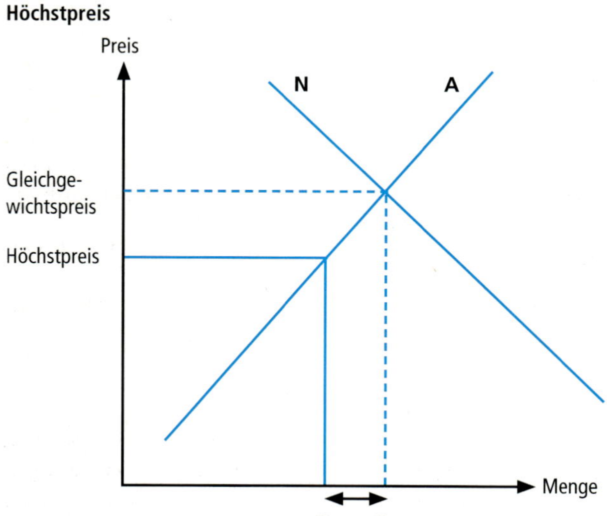

m_1 = Absatzmenge zum Gleichgewichtspreis
m_2 = angebotene Menge zum Höchstpreis
$m_1 - m_2$ = Nachfrageüberhang

Um die Funktionsbedingungen des Marktes nicht zu zerstören, sollte der Staat in einer sozialen Marktwirtschaft nur über marktkonforme Mittel auf die Preisbildung einwirken.

3 Kooperation und Konzentration von Unternehmen

3.1 Formen der Kooperation

Kooperation ist die vertraglich geregelte Zusammenarbeit rechtlich und wirtschaftlich selbstständiger Unternehmen.

Kooperationsformen

Arbeitsgemeinschaft

Mehrere Unternehmen schließen sich einmalig oder für bestimmte Zeit für die gemeinschaftliche Durchführung von Aufträgen zusammen.

Beispiel:
Arbeitsgemeinschaft von Bauunternehmen zum Kraftwerksbau

Interessengemeinschaft

Mehrere Unternehmen schließen sich zusammen, um gemeinschaftlich wirtschaftliche Zielsetzungen zu erreichen.

Beispiele:
Werbegemeinschaften, Forschungsgemeinschaften

Vereinbarungen von Unternehmen oder abgestimmte Verhaltensweisen von Unternehmen, die eine Verhinderung, Einschränkung oder Verfälschung des Wettbewerbs bewirken, sind ein **Kartell. Kartelle sind grundsätzlich verboten** (vgl. Abschnitt 3.3).

3.2 Formen der Konzentration

Konzentration entsteht aus dem Zusammenschluss von Unternehmen (Fusion).

Fusion

Grundsatz

Fusion ist der Zusammenschluss von Unternehmen durch
- Kauf des gesamten bzw. wesentlicher Teile des Vermögens eines anderen Unternehmens,
- Kauf von mindestens 25 % der Kapital- oder Stimmrechtsanteile an einem anderen Unternehmen,
- jede sonstige Verbindung von Unternehmen, aufgrund derer ein oder mehrere Unternehmen unmittelbar oder mittelbar einen wettbewerbsmäßig erheblichen Einfluss auf ein anderes Unternehmen ausüben können.

Ausnahme

Erwerben Kreditinstitute, Finanzinstitute oder Versicherungen Anteile an einem anderen Unternehmen zum Zwecke der Veräußerung, gilt dies nicht als Zusammenschluss,
- solange sie das Stimmrecht aus den Anteilen nicht ausüben und
- sofern die Veräußerung innerhalb eines Jahres erfolgt.

Der Zusammenschluss rechtlich selbstständiger Unternehmen zu einer wirtschaftlichen Einheit unter einer einheitlichen Leitung einer Konzernobergesellschaft (Mutterunternehmen) führt zu einem Konzern. Eine Kapitalverflechtung zwischen den beteiligten Unternehmen ist üblich, aber für einen Konzern nicht zwingend. Beschränkt sich die Konzernobergesellschaft lediglich auf die Verwaltung der Kapitalbeteiligungen, ohne selbst Güter oder Dienstleistungen zu produzieren, so wird sie als **Holding** bezeichnet.

Arten von Konzernen

Unterordnungskonzern	Gleichordnungskonzern
– Zusammenschluss eines herrschenden mit einem oder mehreren abhängigen Unternehmen unter einheitlicher Leitung	– Zusammenfassung mehrerer gleichberechtigter Unternehmen aufgrund tatsächlich ausgeübter einheitlicher Leitung (Gesellschaftsrechtliche oder vertragliche Grundlagen sind keine zwingende Voraussetzung.)

3.3 Maßnahmen staatlicher Wettbewerbspolitik

Nur funktionierender Wettbewerb führt zu niedrigeren Preisen, Innovation und Qualitätsverbesserungen. Der Staat betreibt daher Wettbewerbspolitik.

Maßnahmen staatlicher Wettbewerbspolitik

Kartellverbot	Missbrauchsaufsicht	Fusionskontrolle
Vereinbarungen von Unternehmen oder abgestimmte Verhaltensweisen, die eine Verhinderung, Einschränkung oder Verfälschung des Wettbewerbs bewirken, sind verboten. (§ 1 GWB)	Handlungen marktbeherrschender oder marktstarker Unternehmen, die den Wettbewerb beschränken, sind verboten. (§§ 19 bis 21 GWB)	Zusammenschlüsse von Unternehmen (Fusion), die den Wettbewerb beeinträchtigen können, müssen genehmigt werden. (§§ 35 bis 43 GWB)

Träger der Wettbewerbspolitik ist das Bundeskartellamt.

gesetzliche Grundlagen der Wettbewerbspolitik

Gesetz gegen Wettbewerbsbeschränkungen (GWB)	Gesetz gegen den unlauteren Wettbewerb (UWG)
– Kartellverbot – Verbot wettbewerbsbeschränkender Handlungen marktbeherrschender oder marktstarker Unternehmen – Fusionskontrolle	– Verbot unlauterer Wettbewerbshandlungen, wie Schleichwerbung oder Herabsetzung von Konkurrenten in der Werbung

3.3.1 Vorschriften des Gesetzes gegen Wettbewerbsbeschränkungen (GWB)

Kartellrecht

Kartellverbot

Vereinbarungen zwischen Unternehmen und abgestimmte Verhaltensweisen, die den Wettbewerb verhindern, einschränken oder verfälschen, sind verboten, z. B. Marktaufteilungen, Gebietsabsprachen oder Preisabsprachen.

nicht anmeldepflichtige Kartelle

- **nach EU-Recht erlaubte Kartelle** (Gruppenfreistellungsverordnung)
- **Mittelstandskartelle**
  Vereinbarungen zur Steigerung der Wettbewerbsfähigkeit kleiner und mittlerer Unternehmen durch Rationalisierung wirtschaftlicher Vorgänge, wenn dadurch der Wettbewerb auf dem Markt nicht wesentlich beeinträchtigt wird
- **Preisbindungen der Zeitschriften- und Zeitungsverlage**

Überwachung: Bundeskartellamt mit Sonderkommission Kartellbekämpfung

Folgen bei Verstoß: Nichtigkeit der Vereinbarungen, Bußgelder bis 1 Mio. Euro, Vorteilsabschöpfungen und Schadensersatzpflicht

marktbeherrschende Stellung

Grundsatz

- Ein Unternehmen hat einen Marktanteil von mindestens 1/3.
- Zwei oder drei Unternehmen haben zusammen einen Marktanteil von 50 %.
- Vier oder fünf Unternehmen haben zusammen einen Marktanteil von 2/3.

Ausnahme

Die Unternehmen weisen nach, dass die Wettbewerbsbedingungen zwischen ihnen wesentlichen Wettbewerb erwarten lassen oder die Gesamtheit der Unternehmen im Verhältnis zu den übrigen Wettbewerbern keine überragende Marktstellung hat.

Beispiele für verbotene Handlungen marktbeherrschender oder marktstarker Unternehmen

Verkauf von Waren unter dem Einkaufspreis

Ein marktstarkes Unternehmen verkauft aufgrund seiner finanziellen Stärke Waren unter Einkaufspreis und schaltet auf diese Weise kleinere Wettbewerber aus. Es droht Monopolbildung.

Ausschluss aus einer Gütezeichengemeinschaft

Eine Gütezeichengemeinschaft tritt am Markt einheitlich auf. Ein neuer Anbieter, der seine Produkte auch nach den Vorschriften der Gütezeichengemeinschaft herstellt, wird nicht aufgenommen und hat daher beim Verkauf der Produkte erhebliche Nachteile.

Ausnutzung

Ein Großabnehmer fordert von bestimmten Lieferanten Sonderrabatte mit dem Hinweis, dass er sonst andere Lieferanten bevorzugen wird.

Fusionskontrolle

genehmigungspflichtige Fusion[1]

Im letzten Geschäftsjahr vor dem Zusammenschluss
- erzielen alle beteiligten Unternehmen insgesamt weltweit Umsatzerlöse von mehr als 500 Millionen Euro und
- mindestens ein beteiligtes Unternehmen erzielt im Inland Umsatzerlöse von mehr als 25 Millionen Euro.

genehmigungsfreie Fusion

- Ein Unternehmen erzielt im letzten Geschäftsjahr weltweit Umsatzerlöse von weniger als 10 Millionen Euro oder
- es ist ein seit mindestens fünf Jahren existierender Markt betroffen, auf dem im letzten Kalenderjahr weniger als 15 Millionen Euro umgesetzt wurden.

[1] Überschreiten die Umsätze der beteiligten Unternehmen die Schwellenwerte der Fusionskontrollverordnung, so ist für die Fusionskontrolle nicht mehr das Bundeskartellamt, sondern die Europäische Kommission zuständig.

Das Bundeskartellamt untersagt eine Fusion, wenn der Zusammenschluss eine marktbeherrschende Stellung begründet oder verstärkt. Dies gilt nicht, wenn die Unternehmen nachweisen können, dass eintretende Verbesserungen des Wettbewerbs die Nachteile der Marktbeherrschung überwiegen.

3.3.2 Vorschriften des Gesetzes gegen den unlauteren Wettbewerb (UWG)

Ziel des UWG ist der Schutz von Verbrauchern und anderen Marktteilnehmern gegen unlauteren Wettbewerb durch das Verbot unlauterer Handlungen, das Verbot irreführender bzw. vergleichender Werbung und das Verbot unzumutbarer Belästigungen.

Verbote im UWG

unlautere Handlungen

Beispiel:
Teilnahme am Preisausschreiben oder Gewinnspiel nur bei Erwerb einer Ware

irreführende und vergleichende Werbung

Beispiel:
Werbung mit irreführenden Angaben über die geografische Herkunft des Produkts bzw. die Art der Herstellung

unzumutbare Belästigungen

Beispiel:
telefonische Werbung bei Verbrauchern ohne vorherige Einwilligung des Verbrauchers, sog. Cold Calling

Das UWG enthält einen Anhang mit 30 irreführenden bzw. aggressiven geschäftlichen Handlungen, die unter allen Umständen verboten sind; sog. „Schwarze Liste“. Diese absoluten Verbote sollen Verbrauchern die Durchsetzung ihrer Rechte erleichtern und zu einer größeren Transparenz führen.

4 Marketing

4.1 Begriff Marketing

Marketing ist die systematische Marktbeeinflussung unter Einsatz der absatzpolitischen Instrumente.

Marketinginstrumente (absatzpolitische Instrumente)

Produktpolitik	Preispolitik	Vertriebspolitik	Kommunikationspolitik
Maßnahmen zur Gestaltung der angebotenen Produkte und Dienstleistungen	Preisgestaltung und Preisfestlegung in einem Marktumfeld	Entscheidungen über die Absatzwege für angebotene Produkte und Dienstleistungen	Methoden und Maßnahmen zur Präsentation der Kompetenz des Unternehmens sowie der angebotenen Produkte und Dienstleistungen

4.2 Marketingziele

Marketingziele

quantitative Ziele (ökonomische Ziele)

Quantitative Ziele treffen Aussagen über die vom Unternehmen angestrebte Marktposition z. B. hinsichtlich
- Gewinn (absoluter Wert),
- Rendite (relativer Wert),
- Absatz (Stückzahlen oder Volumen),
- Marktanteile (relativer Wert).

qualitative Ziele (psychologische Ziele)

Qualitative Ziele treffen Aussagen über die vom Unternehmen angestrebte Marktposition z. B. hinsichtlich
- Image,
- Bekanntheitsgrad,
- Kundenzufriedenheit.

Wichtige Marketingbegriffe

	Definition	Beispiel
Marktpotenzial	höchstmögliche Absatzleistung (Stück oder Euro) in einem Markt	In einer Großstadt mit 1 Mio. Einwohnern kommen für das Produkt „Girokonto" 80 % der Einwohner in Betracht. Das Marktpotenzial beträgt 800 000 Konten.
Marktvolumen	tatsächlich realisierte Absatzleistung	Zwei im Wettbewerb stehende Kreditinstitute führen insgesamt 700 000 Konten. Das Marktpotenzial ist damit zu 87,5 % ausgeschöpft.
Marktanteil	Anteil der eigenen Absatzleistung im Verhältnis zum Marktvolumen	Eines der beiden Kreditinstitute führt 210 000 Konten. Der Marktanteil beträgt damit 30 %.

4.3 Marktsegmentierung

Um die angebotenen Produkte und Dienstleistungen und deren Vertrieb besser auf die Bedürfnisse der Käuferschichten abstimmen zu können, erfolgt eine Marktsegmentierung. Hierzu wird der gesamte Markt nach bestimmten Kriterien in Teilmärkte zerlegt (segmentiert), auf die dann die einzusetzenden Marketinginstrumente abgestimmt werden können.

mögliche Kriterien für die Marktsegmentierung

geografische Kriterien

Einteilung des Marktes nach den Kriterien Wohnort, Größe des Wohnorts, Region usw.

sozio-demografische Kriterien

Einteilung des Marktes nach den Kriterien Alter, Einkommen, Vermögen, Geschlecht, Bildungsstand usw.

Kundenverhalten

Einteilung des Marktes nach den Kriterien Mediennutzung, Preissensibilität, Informationsverhalten usw.

In der Bankpraxis werden Märkte z. B. nach den Kriterien Alter, Einkommen und Vermögen oder nach der Lebensphase der Kunden segmentiert.

4.4 Marktforschung

Ziele der Marktforschung

Prognose

Marktforschung erhebt Daten mit dem Ziel, das zukünftige Verhalten verschiedener Zielgruppen vorherzusagen und somit unternehmerische Entscheidungen abzusichern.

Kontrolle

Marktforschung erhebt Daten, mit denen der Erfolg von Marketingmaßnahmen überprüft werden kann.

Methoden der Marktforschung nach der Quelle der Daten

Primärforschung (field research)

Marktforschung erhebt Daten, z. B. durch Befragungen von Kunden oder durch Testkäufe.

Sekundärforschung (desk research)

Marktforschung nutzt bereits vorhandene Daten, z. B. vom Statistischen Bundesamt oder eigene Daten, z. B. Kontodaten.

Methoden der Marktforschung nach der Art der Daten

Demoskopie

Marktforschung mit qualitativen Marktdaten, z. B. Befragungen zur Einstellung bestimmter Zielgruppen zur Nutzung von Produkten

Ökoskopie

Marktforschung mit quantitativen Marktdaten, z. B. Analyse der Jahresabschlüsse der Wettbewerber zum Zwecke der Konkurrenzanalyse

4.5 Marketing-Mix

Die zeitlich und inhaltlich aufeinander abgestimmte Kombination von Produkt-, Preis-, Vertriebs- und Kommunikationspolitik wird als **Marketing-Mix** bezeichnet. Durch die Abstimmung im Rahmen des Marketing-Mix lässt sich ein höherer Wirkungsgrad erreichen als bei isolierter Anwendung der einzelnen Maßnahmen.

4.6 Marketinginstrumente

4.6.1 Produktpolitik

Produktpolitik umfasst alle Maßnahmen zur Gestaltung der angebotenen Produkte und Dienstleistungen.

Anforderungen der Produktpolitik

bedarfsgerechte Produkte	umfassendes Angebot	positive Abgrenzung zu Wettbewerbern	Rentabilität der Produkte
Kundenbedürfnisse werden durch Marktforschung erkannt. Verfügt der Kunde über finanzielle Möglichkeiten zur Befriedigung seiner Bedürfnisse, entsteht Bedarf, der durch die angebotenen Produkte gedeckt wird.	Die angebotenen Produkte und Dienstleistungen müssen sich ergänzen und möglichst gegenseitig unterstützen, damit ein übergreifendes Cross-Selling möglich wird.	Die angebotenen Produkte und Dienstleistungen sollen sich eindeutig dem anbietenden Unternehmen zuordnen lassen und sich möglichst positiv von denen der Wettbewerber abgrenzen.	Die angebotenen Produkte und Dienstleistungen müssen nicht nur den Bedarf des Kunden decken, sondern auch für das anbietende Unternehmen eine auskömmliche Rentabilität sicherstellen.

Cross-Selling bezeichnet den Verkauf zusätzlicher Produkte und Dienstleistungen im Rahmen eines Beratungsgesprächs. Basis dafür ist, dass ein Kunde beim Kauf eines bestimmten Produkts durch die Verkaufsleistung des Kundenberaters den Nutzen eines anderen Produkts erkennt und sich zusätzlich zum Kauf desselben entscheidet.

Instrumente der Produktpolitik

Produktpflege	Produktinnovation	Produkteliminierung
laufende Kontrolle der angebotenen Produkte und Dienstleistungen im Hinblick auf die Anforderungen der Produktpolitik	Entwicklung völlig neuer Produkte, z. B. Entwicklung eines Bonuszertifikats, oder Ergänzung des Sortiments um neue Varianten, z. B. Entwicklung eines Bonuszertifikats mit Cap	Entfernen von Produkten aus dem Sortiment, wenn diese nicht den Qualitätsansprüchen genügen, nicht mehr marktgerecht sind oder das Potenzial ausgeschöpft ist

4.6.2 Kommunikationspolitik

Kommunikationspolitik umfasst alle Methoden und Maßnahmen zur Präsentation der Kompetenz des Unternehmens sowie der angebotenen Produkte und Dienstleistungen.

Instrumente der Kommunikationspolitik

- Werbung
- Öffentlichkeitsarbeit (Public Relations, PR)
- Sponsoring
- Verkaufsförderung (Salespromotion)
- Mitarbeiterförderung

Werbung

Beschreibung	Beispiele
gezielte Einwirkung auf Menschen durch Kommunikationsmittel zur Erreichung der Ziele: – Förderung des Produktabsatzes – Steigerung des Bekanntheitsgrades – Veränderung von Kundeneinstellungen – Vertrauensaufbau und Vertrauensförderung	**Werbemittel** (Kommunikationsmittel): Anzeigen, Hörfunk- und Fernsehspots, Plakate und Broschüren **Werbeträger** (Kommunikationswege): Fernsehen, Radio, Kino, Zeitungen und Zeitschriften, Verkehrsmittel

Sponsoring

Beschreibung	Beispiele
– Fördermaßnahmen, die dem allgemeinen Interesse oder dem Interesse einer bestimmten Zielgruppe dienen – Im Gegensatz zur Spende erhält der Sponsor (Unternehmen) hier eine Gegenleistung.	– finanzielle Hilfen für Sportveranstaltungen mit der Gegenleistung, als offizieller Namensgeber bzw. Sponsor werben zu können – Übernahme der Kosten für Kunstausstellungen mit Nennung als Sponsor oder Mitveranstalter

Öffentlichkeitsarbeit

Beschreibung	Beispiele
indirekte Förderung des Produktabsatzes, indem durch geeignete Maßnahmen versucht wird, in der Öffentlichkeit ein positives Bild (Image) des Unternehmens aufzubauen	Durchführung von Börsenplanspielen, aktive Beteiligung an gemeinnützigen Aktionen, Kundenzeitschriften, „Tag der offenen Tür", Angebote von Betriebspraktika

Verkaufsförderung

Beschreibung	Beispiele
Unterstützung des konkreten Geschäftsabschlusses	Argumentationshilfen, Beratungsprogramme, Absatzstatistiken, Verkaufswettbewerbe, finanzielle Anreizsysteme, Erfahrungsaustausch für Berater, Wettbewerbe wie z. B. „Kunden werben Kunden"

Mitarbeiterförderung

Beschreibung	Beispiele
Gestaltung der Beziehungen zu allen Mitarbeitern im Unternehmen mit dem Ziel, diese positiv zu gestalten	Einbeziehung von Mitarbeitern in Entscheidungen, Schaffung von Klarheit bei Aufgaben und Verantwortungen, Zielvereinbarungsgespräche, Schaffung einer Corporate Identity

Durch die Schaffung einer Corporate Identity (Unternehmensidentität) soll bei allen Mitarbeitern ein „Wir-Bewusstsein" erzeugt werden.

Bestandteile der Corporate Identity

Corporate Communication	Corporate Design	Corporate Behaviour
Regeln des Unternehmens zur Kommunikation zwecks Vermittlung eines eindeutigen Bildes des Unternehmens	Regeln des Unternehmens über das visuelle Erscheinungsbild (design) in der Öffentlichkeit, z. B. Firmenlogo	Regeln des Unternehmens über das Verhalten (behaviour) gegenüber Mitarbeitern und Kunden bzw. der Öffentlichkeit

4.6.3 Vertriebspolitik

In der Vertriebspolitik wird über die Absatzwege für angebotene Produkte und Dienstleistungen entschieden.

Absatzwege

stationärer Vertrieb	mobiler Vertrieb	medialer Vertrieb	besondere Vertriebswege
Beispiele: – Geschäftsstelle bzw. Filiale – Beratungscenter – Immobiliencenter – Private-Banking-Center – Bankshop	Beispiele: – fahrbare Filiale – Außendienst – freie Anlagevermittler – Außendienstmitarbeiter von Finanz- und Verbundpartnern	Beispiele: – Selbstbedienung – Onlinebanking – Telefonbanking – Handybanking – Internetfilialen – TV-Banking	Beispiele: – Anlegermessen – Kundenclubs – Franchise-Partner

4.6.4 Preispolitik

4.6.4.1 Begriff und Einflussgrößen

Preispolitik heißt Preisgestaltung und Preisfestlegung. Im Kreditgewerbe wird Preispolitik auch als Konditionenpolitik bezeichnet.

Einflussgrößen der Preispolitik

Kosten	Nachfrage	Wettbewerb	gesetzliche Vorgaben
Um der Rentabilitätsanforderung aus der Produktpolitik zu genügen, müssen die Kosten der betrieblichen Leistungserstellung im Rahmen der Preiskalkulation berücksichtigt werden.	Neben den Kosten ist auch die Nachfrage zu berücksichtigen, wenn Nachfrage nur zu einem unter den Kosten liegenden Preis zustande kommt.	Die Preisfestlegung hat auch Preise vergleichbarer Angebote von anderen Wettbewerbern zu berücksichtigen.	Gesetzliche Vorgaben, wie die Preisangabenverordnung, sind zwingend zu beachten.

4.6.4.2 Preisfestlegung

Preisfestlegung mit Margenbestandteilen bei Kreditinstituten

Aktivprodukte	Passivprodukte
– Mindestmarge: direkte Betriebskosten (Standardstückkosten) + Eigenkapitalkosten + Standard-Risikokosten – Sollmarge: Mindestmarge + Gemeinkosten + Gewinnzuschlag	– Mindestmarge: direkte Betriebskosten (Standardstückkosten) + Mindestreservekosten – Sollmarge: Mindestmarge + Gemeinkosten + Gewinnzuschlag

Preisgrenzen bei Kreditinstituten

Aktivprodukte	Passivprodukte
– kurzfristig: GKM-Zinssatz + Mindestmarge – langfristig: GKM-Zinssatz + Sollmarge	– kurzfristig: GKM-Zinssatz – Mindestmarge – langfristig: GKM-Zinssatz – Sollmarge

4.6.4.3 Preisdifferenzierung

Möglichkeiten der Preisdifferenzierung

nach Kundengruppen	nach Anlässen	nach Vertriebswegen	nach Volumen	nach Bonität
Beispiel: kostenloses Girokonto für Schüler und Studenten	Beispiel: günstigere Konditionen für Kredite beim Kauf eines Neuwagens	Beispiel: niedrigere Zinssätze für Baufinanzierungsabschlüsse via Internet	Beispiel: Zinszuschläge für Baufinanzierungen unterhalb eines bestimmten Kreditvolumens	Beispiel: höhere Zinssätze für Darlehen bei einem schlechteren Rating des Kunden

1 Grundbegriffe

1.1 Wirtschaftskreislauf

1.1.1 Modell des Wirtschaftskreislaufs

Wirtschaftssubjekte treffen planvolle Entscheidungen zur Beschaffung und Verwendung knapper Güter. Die Beziehungen und Transaktionen der Wirtschaftsteilnehmer lassen sich im **Modell des Wirtschaftskreislaufs** darstellen. Gleichartige Wirtschaftseinheiten werden für dieses Modell zu **Wirtschaftssektoren** und gleichartige Transaktionen zu **Stromgrößen** gebündelt.

Wirtschaftssektoren

- **private Haushalte**
- **Unternehmungen**
- **Staat** (Bund, Länder und Gemeinden)
- **Ausland**

Stromgrößen

- **Güterströme** (reale Ströme)
- **Geldströme** (monetäre Ströme)

1.1.2 Einfacher Wirtschaftskreislauf

Für den einfachen Wirtschaftskreislauf gelten folgende Annahmen:

- Es handelt sich um eine geschlossene Volkswirtschaft ohne staatliche Aktivität mit den Sektoren private Haushalte und Unternehmungen.
- Die Einkommen der privaten Haushalte werden vollständig für Konsumgüter ausgegeben.
- Es bestehen keine außenwirtschaftlichen Beziehungen.
- Es finden keine Erweiterungsinvestitionen statt. Der Kapitalstock bleibt konstant.

Einfacher Wirtschaftskreislauf

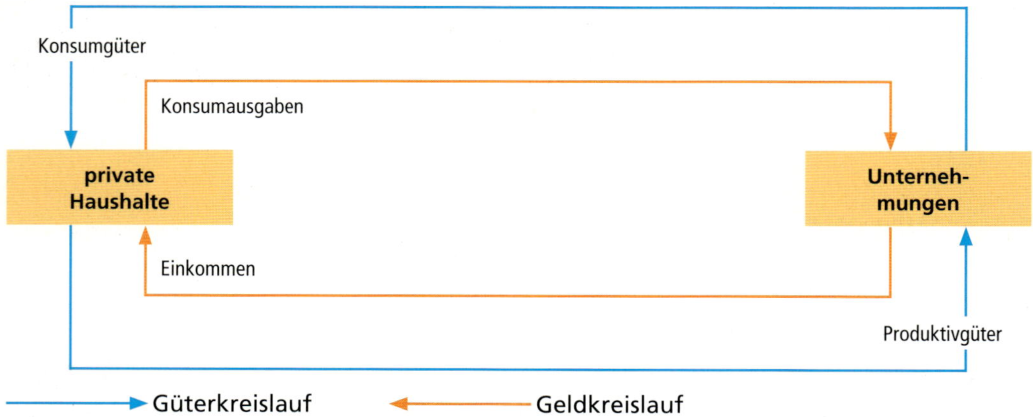

→ Die privaten Haushalte stellen den Unternehmungen Produktionsfaktoren (Arbeit, Boden, Kapital) zur Verfügung (= Produktivgüterstrom).

→ Die von den Unternehmungen produzierten Konsumgüter werden an die privaten Haushalte verkauft (= Konsumgüterstrom).

→ Von den Unternehmungen fließen Geldzahlungen an die privaten Haushalte als Entgelt für die bereitgestellten Produktionsfaktoren (= Einkommensstrom).

→ Von den privaten Haushalten fließen Geldzahlungen an die Unternehmungen als Entgelt für die gekauften Konsumgüter (= Konsumausgabenstrom).

→ Geldstrom und Güterstrom fließen einander entgegen.

1.1.3 Erweiterter Wirtschaftskreislauf

1.1.3.1 Erweiterter Wirtschaftskreislauf mit Investition und Sparen

Für den erweiterten Wirtschaftskreislauf mit Investition und Sparen gelten folgende Annahmen:

- Ein Teil der Einkommen wird nicht konsumiert, sondern gespart.
- Die Unternehmen nehmen nicht nur Ersatz- sondern auch Erweiterungsinvestitionen (Nettoinvestitionen) vor. Der Kapitalstock wächst.

Erweiterter Wirtschaftskreislauf mit Investition und Sparen

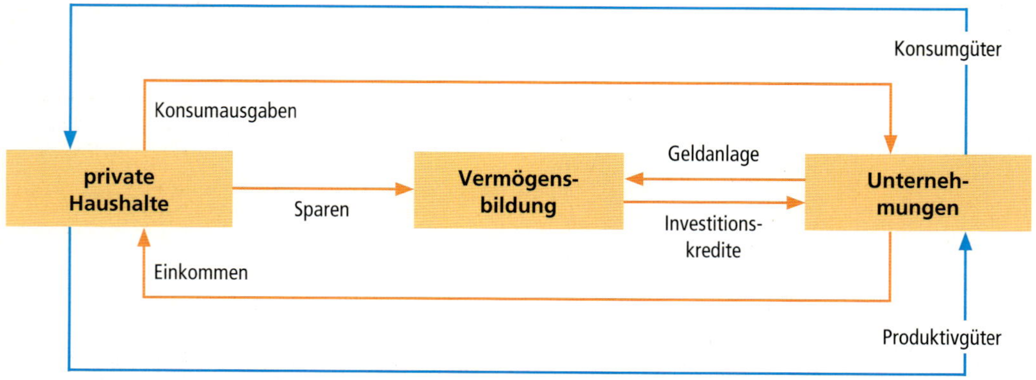

→ Die privaten Haushalte sparen einen Teil ihrer Einkommen und führen sie den Kapitalsammelstellen (Banken, Sparkassen, Versicherungen) zu.

→ Die Kapitalsammelstellen stellen diese Mittel den Unternehmungen als Kredite zur Verfügung, die damit Investitionen finanzieren können.

Sparen bedeutet Konsumverzicht. Konsumverzicht ist Voraussetzung für Kapitalbildung und Investitionen.

Investitionsbegriffe	
Bruttoinvestitionen	Summe aller in einer Volkswirtschaft innerhalb einer bestimmten Zeit erstellten Anlage- und Vorratsinvestitionen
Vorratsinvestitionen	Erhöhung der Lagerbestände an nicht dauerhaften Produktionsmitteln
Nettoinvestitionen	Zunahme an dauerhaften Produktionsmitteln. Nettoinvestitionen erhöhen die Produktionskapazität und den Kapitalbestand einer Volkswirtschaft.
Ersatzinvestitionen	Ersatz verbrauchter Produktionsmittel

Bruttoinvestition = Nettoinvestition + Vorratsinvestition + abnutzungsbedingte Abschreibungen auf Produktionsmittel

1.1.3.2 Erweiterter Wirtschaftskreislauf mit staatlicher Aktivität

Für den erweiterten Wirtschaftskreislauf mit staatlicher Aktivität gelten folgende Annahmen:
- Der Staat wird in den Wirtschaftskreislauf einbezogen. Er besteht in der Bundesrepublik Deutschland aus dem Bund, den Ländern, den Gemeinden und den Sozialversicherungsträgern.
- Der Staat tätigt Ausgaben zur Erfüllung seiner Aufgaben.
- Der Staat benötigt Einnahmen, die über Steuern und Abgaben von den privaten Haushalten und Unternehmen aufzubringen sind, und Kredite aus dem Sektor Vermögensbildung.

Erweiterter Wirtschaftskreislauf mit Investition und Sparen und staatlicher Aktivität

(In der folgenden Darstellung werden aus Gründen der Übersichtlichkeit nur noch die Geldströme abgebildet.)

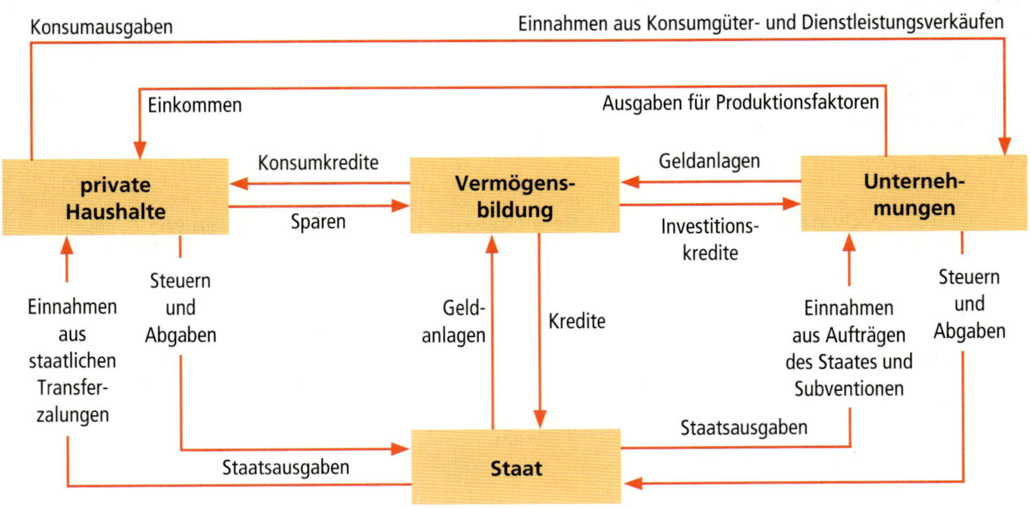

→ Die privaten Haushalte und die Unternehmen leisten Zahlungen an den Staat, z. B. Steuern, Gebühren, Beiträge.
→ Der Staat leistet Zahlungen an die privaten Haushalte und die Unternehmen, z. B. Transferleistungen, Löhne und Gehälter für Staatsbedienstete, Subventionen, Entgelte für Leistungen.
→ Von den Kapitalsammelstellen fließen Gelder an den Staatssektor, z. B. Kredite, Steuern.
→ Vom Staat fließen Gelder an die Kapitalsammelstellen, z. B. Tilgungszahlungen, Kreditzinsen, Haushaltsüberschüsse.

1.1.3.3 Erweiterter Wirtschaftskreislauf mit Außenwirtschaftsbeziehungen (offene Volkswirtschaft)

Für den erweiterten Wirtschaftskreislauf mit Außenwirtschaftsbeziehungen gelten folgende Annahmen:

- Es handelt sich um eine offene Volkswirtschaft mit Nettoinvestitionen, staatlicher Aktivität und Außenwirtschaftsverkehr.
- Der Außenwirtschaftsverkehr umfasst sämtliche Transaktionen des Waren-, Dienstleistungs- und Kapitalverkehrs zwischen Inländern und Ausländern.
- Einnahmen aus dem Ausland werden aus Waren- und Dienstleistungsexporten, aus Kapitalimporten, Zins- und Dividendeneingängen sowie aus Transfers privater und öffentlicher Haushalte und Unternehmungen erzielt.
- Ausgaben in das Ausland entstehen durch Waren- und Dienstleistungsimporte, Kapitalexporte, Zins- und Dividendenzahlungen an Ausländer sowie durch Transferzahlungen, z. B. Entwicklungshilfezahlungen.
- Die Differenz zwischen Exporten und Importen von Gütern und Dienstleistungen wird als Außenbeitrag bezeichnet. Ein positiver Außenbeitrag führt zu einem Anstieg der Forderungen gegenüber dem Ausland. Ein negativer Außenbeitrag führt zu einem Anstieg der Verbindlichkeiten gegenüber dem Ausland.

Erweiterter Wirtschaftskreislauf mit Außenwirtschaftsbeziehungen (offene Volkswirtschaft)

(In der folgenden Darstellung werden aus Gründen der Übersichtlichkeit nur die Geldströme abgebildet.)

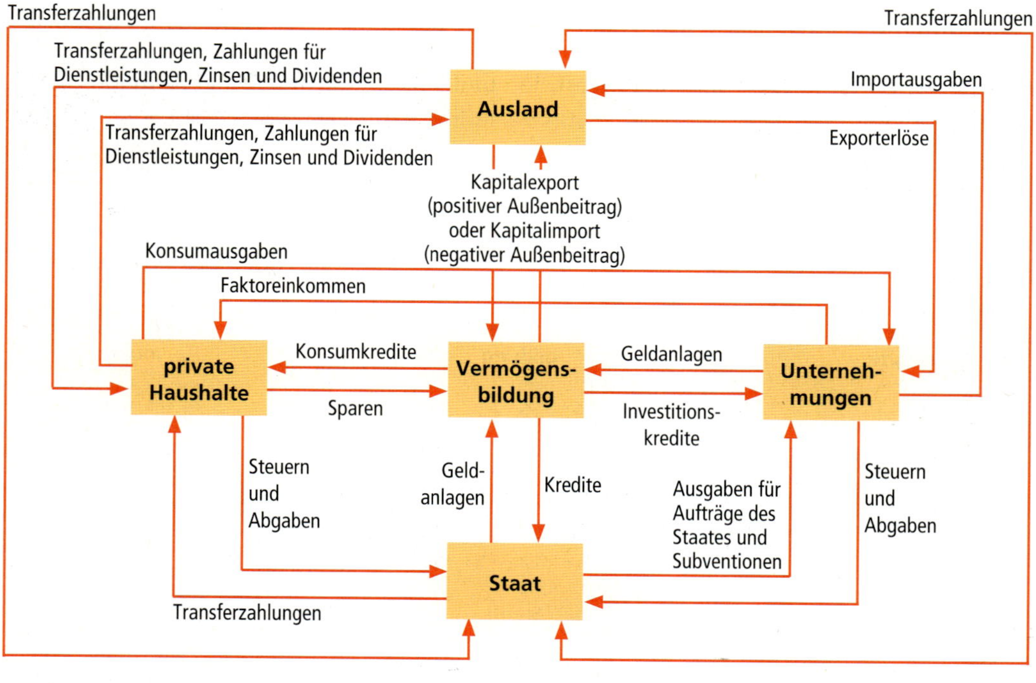

→ Unternehmen erhalten Gelder aus dem Ausland, z. B. Erlöse für exportierte Waren, Subventionen der EU für Landwirte. Von den Unternehmen fließen Gelder in das Ausland, z. B. für die Bezahlung importierter Waren, Auslandsinvestitionen.

→ Die privaten Haushalte erhalten Zahlungen aus dem Ausland, z. B. Zinsen und Dividenden. Von den privaten Haushalten fließen Zahlungen in das Ausland, z. B. für Urlaubsreisen.

→ Staatliche Institutionen erhalten Zahlungen aus dem Ausland, z. B. EU-Gelder zur Förderung strukturschwacher Regionen. Staatliche Einrichtungen leisten Zahlungen ins Ausland, z. B. Entwicklungshilfe.
→ Der Sektor Vermögensbildung wird von eingehenden und ausgehenden Auslandszahlungen, z. B. Zins- und Dividendenzahlungen, betroffen.

1.2 Volkswirtschaftliche Gesamtrechnung

In der volkswirtschaftlichen Gesamtrechnung werden die Leistungen der Wirtschaftssektoren und die zwischen den Sektoren in Form von Güter-, Geld- und Leistungsströmen bestehenden Verbindungen buchhaltungstechnisch festgehalten. Grundlage ist die Theorie des Wirtschaftskreislaufs. Aus der volkswirtschaftlichen Gesamtrechnung ergeben sich verschiedene Zahlen zur Messung der Leistungsfähigkeit einer Volkswirtschaft, z.B. das Bruttoinlandsprodukt (BIP) oder das Volkseinkommen. Außerdem liefert sie Eckdaten der Sozial-, Wachstums-, und Konjunkturpolitik.

Bruttoinlandsprodukt und Volkseinkommen	
Bruttoinlandsprodukt zu Marktpreisen (BIP)	Wert aller Güter und Dienstleistungen, der während einer Periode (i. d. R. ein Jahr) von Inländern und Ausländern *im Inland* geschaffen wurde
Volkseinkommen (Nettonationaleinkommen zu Faktorkosten)	Summe aller *von Inländern* in einer Periode erzielten Faktoreinkommen.

Zusammenhang zwischen Bruttoinlandsprodukt und Volkseinkommen	
Bruttoinlandsprodukt zu Marktpreisen (BIP) + Primäreinkommen der Inländer aus der übrigen Welt – Primäreinkommen aus dem Inland an die übrige Welt **= Bruttonationaleinkommen zu Marktpreisen (BNE)** – Abschreibungen **= Nettonationaleinkommen zu Marktpreisen (NNE)** – Produktions- und Importabgaben + Subventionen **= Nettonationaleinkommen zu Faktorkosten (Volkseinkommen)**	Das BNE umfasst die wirtschaftlichen Leistungen aller *Inländer*, unabhängig davon, ob diese im In- oder Ausland erzielt wurden. Die gesamtwirtschaftlichen Abschreibungen stellen die Ersatzinvestitionen dar.

Methoden zur Berechnung des Inlandsprodukts

Entstehungsrechnung	Verwendungsrechnung	Verteilungsrechnung
zeigt die Wertschöpfung der einzelnen Wirtschaftsbereiche	zeigt die Verwendung der produzierten Waren und Dienstleistungen	zeigt die Bezahlung der Produktionsfaktoren, d. h. die Verteilung des Volkseinkommens auf die an der Wertschöpfung Beteiligten

Berechnung des Inlandsprodukts
(Darstellung nach den Monatsberichten der Deutschen Bundesbank)

Entstehungsrechnung	Produzierendes Gewerbe (ohne Baugewerbe) + Baugewerbe + Handel, Gastgewerbe und Verkehr + Finanzierung, Vermietung und Unternehmensdienstleister + öffentliche und private Dienstleister = **Bruttoinlandsprodukt**
Verwendungsrechnung	private Konsumausgaben + Konsumausgaben des Staates + Ausrüstungsinvestitionen + Bauinvestitionen + Sonstige Anlageinvestitionen +/– Vorratsveränderungen = inländische Verwendung + Außenbeitrag (Exporte – Importe) = **Bruttoinlandsprodukt**
Verteilungsrechnung	Arbeitnehmerentgelte + Unternehmens- und Vermögenseinkommen = **Volkseinkommen**

Verfügbares Einkommen

Volkseinkommen
– direkte Steuern der privaten Haushalte
– Sozialabgaben
+ Transferzahlungen an private Haushalte
= **Verfügbares Einkommen**

Das verfügbare Einkommen der privaten Haushalte steht für Konsum und Sparen zur Verfügung. Das verfügbare Pro-Kopf-Einkommen stellt einen Indikator für den Wohlstand der Bevölkerung dar.

Verwendung des verfügbaren Einkommens

Verbrauch (Konsum)

$$\text{Konsumquote} = \frac{\text{Konsumausgaben} \cdot 100}{\text{verfügbares Einkommen}}$$

- gibt an, wie viel Prozent des verfügbaren Einkommens für Konsumzwecke verwendet wurden
- ergibt zusammen mit der Sparquote 100 %

Sparen

$$\text{Sparquote} = \frac{\text{private Ersparnis} \cdot 100}{\text{verfügbares Einkommen}}$$

- gibt an, wie viel Prozent des verfügbaren Einkommens im Durchschnitt gespart wurden
- ergibt zusammen mit der Konsumquote 100 %

Lohnquote und Gewinnquote	
Lohnquote	$\frac{\text{Arbeitnehmerentgelte} \cdot 100}{\text{Volkseinkommen}}$
Gewinnquote	$\frac{\text{Unternehmens- und Vermögenseinkommen} \cdot 100}{\text{Volkseinkommen}}$

Insbesondere eine im Zeitverlauf sinkende Entwicklung der Lohnquote wird häufig im Rahmen von Tarifverhandlungen thematisiert. Gewerkschaften nutzen dieses Argument zur Untermauerung ihrer Forderungen nach steigenden Tariflöhnen.

1.3 Konjunktur und Konjunkturschwankungen

1.3.1 Begriff Konjunktur

Der Begriff **Konjunktur** bedeutet eigentlich „Gesamtlage". Er wird aber mittlerweile fast ausschließlich zur **Beschreibung der wirtschaftlichen Gesamtlage** genutzt.

Entsprechend sind **Konjunkturschwankungen** die **wiederkehrenden Schwankungen in der gesamtwirtschaftlichen Entwicklung einer Volkswirtschaft**. Das Ausmaß dieser Schwankungen wird üblicherweise an der prozentualen Veränderung des Bruttoinlandsproduktes (BIP) gemessen.

1.3.2 Konjunkturzyklus

Als Konjunkturzyklus wird üblicherweise der Zeitraum zwischen zwei konjunkturellen Tiefständen bezeichnet. Er umfasst die Phasen Aufschwung, Boom, Rezession und Depression.

Konjunkturzyklus

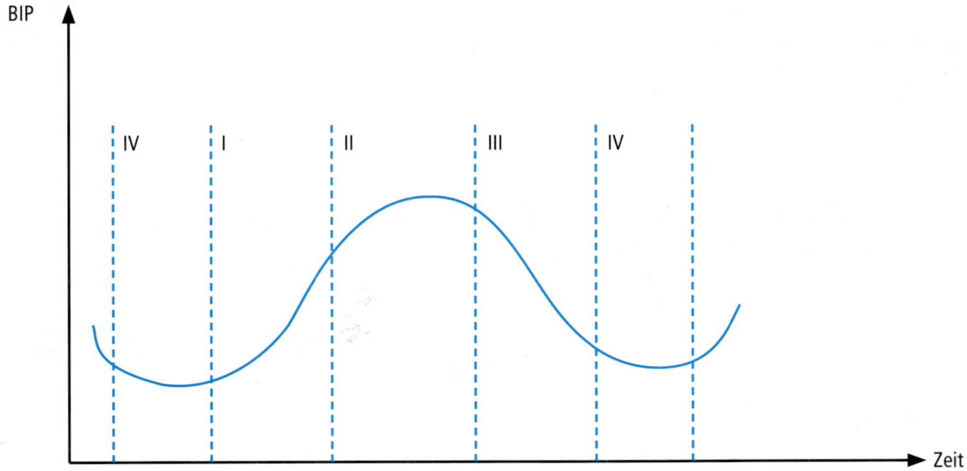

I = Aufschwung (Expansion)
II = Boom (Hochkonjunktur)
III = Rezession (Abschwung)
IV = Depression (Tiefstand)

Merkmale der Konjunkturphasen	
Aufschwung (Expansion)	– Die Nachfrage übersteigt das Angebot. – Produktion und Kapazitätsauslastung wachsen. – Unternehmensgewinne, Investitionen und Beschäftigung steigen. – Die Lohnerhöhungen bleiben mäßig, Preise und Zinsen steigen nur langsam. – Unternehmereinkommen und Gewinne wachsen. – Die Zukunftserwartungen sind optimistisch. – An der Börse kommt es zu steigenden Aktienkursen, während die Anleihekurse sinken.
Boom (Hochkonjunktur)	– Die Nachfrage ist deutlich höher als das Produktionspotenzial. – Bei ausgelasteten Kapazitäten zeigen sich Produktionsengpässe. – Investitionen und Beschäftigungsstand sind hoch. – Es kommt zu kräftigen Lohnerhöhungen. – Preise und Zinsen steigen deutlich. – Unternehmereinkommen und Gewinne sind hoch. – Die zunächst noch optimistische Zukunftserwartung wird zunehmend pessimistischer. – An der Börse zeigen sich hohe Aktienkurse und niedrige Anleihekurse.
Rezession (Abschwung)	– Die Nachfrage sinkt. Das Produktionspotenzial wird nicht mehr ausgelastet. – Die Produktion sinkt, die Auslastung der Kapazitäten ist rückläufig. – Die Investitionen sinken. – Es zeigen sich Kurzarbeit und sinkender Beschäftigungsstand. – Lohnerhöhungen sind mäßig. – Die Preissteigerungsraten nehmen ab, die Zinsen sinken. – Unternehmereinkommen und Gewinne gehen zurück. – Die Zukunftserwartungen sind pessimistisch. – An der Börse steigen die Anleihekurse, während die Aktienkurse fallen.
Depression (Tiefstand)	– Die Nachfrage unterschreitet deutlich das Angebot. – Die Produktion ist niedrig, viele Kapazitäten sind nicht ausgelastet. – Neuinvestitionen werden in der Regel nicht vorgenommen. – Die Arbeitslosigkeit ist hoch. – Die Einkommen stagnieren, die Gewinne gehen deutlich zurück. – Die Preissteigerungsraten sind niedrig, die Zinsen sinken. – Es zeigt sich vorsichtig aufkeimender Optimismus bei insgesamt noch vorhandener pessimistischer Grundstimmung. – Die Börsenlage ist durch niedrige Aktienkurse und hohe Anleihekurse gekennzeichnet.

1.3.3 Konjunkturindikatoren

Konjunkturindikatoren sind Kennzahlen zur künftigen wirtschaftlichen Entwicklung.

Zwecke von Konjunkturindikatoren

- **Diagnose der aktuellen Lage**
- **Prognose der absehbaren Entwicklung**
- **Kontrolle der Zielerreichung vergangener wirtschaftspolitischer Maßnahmen**

Beispiele für Konjunkturindikatoren

Frühindikatoren (vorlaufend)	Präsensindikatoren (gleichlaufend)	Spätindikatoren (nachlaufend)
– Auftragseingänge – Aktienkurse – Baugenehmigungen – Kreditzusagen – Stimmungsindikatoren und Zukunftserwartungen, z. B. ifo-Geschäftsklimaindex, ZEW-Index	– BIP – Einzelhandelsumsätze – Industrieproduktion – Kapazitätsauslastung – Im- und Export	– Arbeitslosenquote – Lohnentwicklung – Preisentwicklung – Steuereinnahmen

1.3.4 Ursachen konjunktureller Schwankungen

Konjunkturschwankungen entstehen u. a. dadurch, dass eine große Mehrheit der Wirtschaftssubjekte in gleicher Weise auf Marktsignale reagiert.

Beispiele für Ursachen konjunktureller Schwankungen

Marktsignal	Reaktion der Wirtschaftssubjekte	gesamtwirtschaftliche Wirkung
hohe Preissteigerungen mit der Folge sinkender Realeinkommen (Kaufkraftverlust)	Kaufzurückhaltung	Rückgang des privaten Konsums und damit der gesamtwirtschaftlichen Nachfrage
Verschlechterung der Gewinnerwartungen der Unternehmen	Zurückstellen oder Stornieren von Erweiterungsinvestitionen	Rückgang oder Ausfall der Investitionsgüternachfrage und damit der gesamtwirtschaftlichen Nachfrage
steigende Exporte bei boomender Weltwirtschaft	Optimismus – insbesondere in einem exportabhängigen Land – und als Folge: – Erweiterungsinvestitionen – Beschäftigungsausbau – zunehmende Konsumfreude	Anstieg der gesamtwirtschaftlichen Nachfrage zunächst in der Investitionsgüterindustrie und später auch in der Konsumgüterindustrie

1.4 Wirtschaftspolitik

1.4.1 Wesen der Wirtschaftspolitik

Unter Wirtschaftspolitik versteht man die Gesamtheit aller Maßnahmen, mit denen das Wirtschaftsgeschehen im Sinne bestimmter Zielvorstellungen beeinflusst werden soll.

1.4.2 Träger der Wirtschaftspolitik

Träger der Wirtschaftspolitik

staatliche Träger

Beispiele:
- Bund
- Länder
- Kommunen

quasi-staatliche Träger

Beispiele:
- Krankenkassen
- Rentenversicherungsträger

private Träger

Beispiele:
- Gewerkschaften
- Unternehmensverbände

supranationale Träger

Beispiele:
- Europäische Zentralbank
- Europäische Union
- Internationaler Währungsfonds

1.4.3 Bereiche der Wirtschaftspolitik

Felder der Wirtschaftspolitik

Ordnungspolitik

- umfasst alle Maßnahmen, die der Sicherung und Durchsetzung der marktwirtschaftlichen Ordnung dienen
- setzt einen langfristigen Rahmen, in dem sich die Wirtschaftssubjekte bewegen

Strukturpolitik

umfasst alle Maßnahmen
- zur Förderung bestimmter Wirtschaftsregionen mit Standortnachteilen
- zur Förderung bestimmter Wirtschaftsbranchen mit erheblichen Anpassungsschwierigkeiten

Konjunkturpolitik

umfasst Maßnahmen zur Beeinflussung des Konjunkturverlaufs durch Anregung
- der gesamtwirtschaftlichen Nachfrage
- des gesamtwirtschaftlichen Angebots

Sozial- und Einkommenspolitik

umfasst Maßnahmen zur
- Förderung der sozialen Gerechtigkeit
- Erhaltung des sozialen Friedens

1.4.4 Ziele der Wirtschaftspolitik

§ 1 des Stabilitäts- und Wachstumsgesetzes von 1967 fordert von den staatlichen Trägern der Wirtschaftspolitik, dass sie bei ihren wirtschafts- und finanzpolitischen Maßnahmen die **Erfordernisse des gesamtwirtschaftlichen Gleichgewichts beachten** und ihre Maßnahmen so treffen, dass diese im Rahmen der marktwirtschaftlichen Ordnung
- zu einem **stetigen und angemessenen Wirtschaftswachstum,**
- zu einem **hohen Beschäftigungsstand**,
- zur **Stabilität des Preisniveaus** und
- zum **außenwirtschaftlichem Gleichgewicht**

beitragen.

Da nicht alle vier Ziele gleichzeitig erreichbar sind, werden sie als **„magisches Viereck"** bezeichnet.

Magisches Viereck

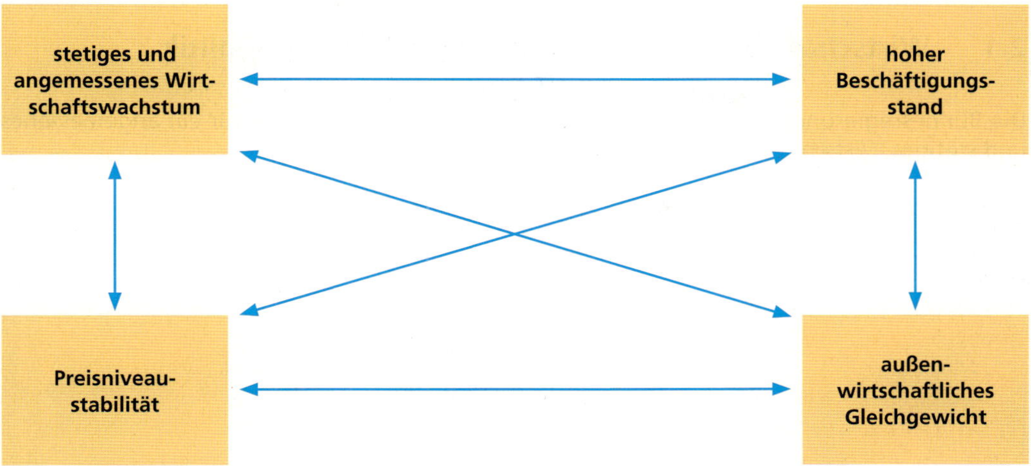

Beispiele für Zielharmonie (Ziele unterstützen sich gegenseitig):
- Wirtschaftswachstum und hohe Beschäftigung
- außenwirtschaftliches Gleichgewicht und Preisniveaustabilität

Beispiele für Zielkonflikte (Ziele beeinträchtigen sich gegenseitig):
- Wirtschaftswachstum und Preisniveaustabilität
- hohe Beschäftigung und Preisniveaustabilität

Im Laufe der Zeit haben sich weitere wirtschaftspolitische Ziele herausgebildet, die zwar nicht gesetzlich fixiert sind, aber in der politischen Diskussion allgemein anerkannt sind:
- gerechte Einkommensverteilung
- Erhaltung/Schutz der Umwelt

Durch Hinzufügen dieser beiden Ziele ergibt sich das sogenannte „magische Sechseck".

In der Satzung der **Europäischen Zentralbank (EZB)** ist die Sicherung der Stabilität des Preisniveaus als vorrangiges Ziel fixiert. Die allgemeine Wirtschaftspolitik der Europäischen Union soll von der EZB satzungsgemäß nur so weit unterstützt werden, als dadurch nicht das Ziel der Preisniveaustabilität gefährdet wird.

1.4.5 Instrumente der Wirtschaftspolitik

Instrumente der Wirtschaftspolitik (Beispiele)

Fiskalpolitik
- Einnahmenpolitik, z. B. Steuerpolitik
- Ausgabenpolitik, z. B. Subventionspolitik

Geldpolitik
- Zinspolitik, z. B. Änderung der Leitzinssätze
- Geldmengenpolitik, z. B. Änderung der Mindestreservesätze

Außenwirtschaftspolitik
- Exportförderung, z. B. Staatsbürgschaften
- Importdrosselung, z. B. Einführung oder Erhöhung von Importzöllen
- Währungspolitik, z. B. Auf- oder Abwertungen

Die genannten Instrumente sind vor allem dem Bereich „Konjunkturpolitik" zuzuordnen.

2 Angemessenes und stetiges Wirtschaftswachstum

2.1 Wirtschaftswachstum als Ziel der Wirtschaftspolitik

Die Bundesregierung ist aufgrund des Stabilitätsgesetzes verpflichtet, für ein angemessenes und stetiges Wirtschaftswachstum zu sorgen.

Maßstab des Wirtschaftswachstums ist das Wachstum des Bruttoinlandsprodukts (BIP).

Wirtschaftswachstum

angemessenes Wachstum	stetiges Wachstum
– Die Wachstumsrate des BIP soll nicht zu hoch und nicht zu niedrig sein. – Eine zu hohe Wachstumsrate könnte Inflation fördern. – Eine zu niedrige Wachstumsrate könnte Arbeitslosigkeit fördern.	– Das Wachstum soll über einen längeren Zeitraum möglichst ohne große Schwankungen verlaufen.

Begründungen für das Wachstumsziel	
Hebung des Wohlstands	– Wachstum führt zu steigenden Pro-Kopf-Einkommen. – Steigende Einkommen ermöglichen einen höheren Wohlstand.
Sicherung eines hohen Beschäftigungsstandes	– Steigende Nachfrage führt zu steigender Produktion und sichert Beschäftigung.
Sicherung gegen die Risiken des Lebens	– Aus wachsenden Einkommen ist es leichter möglich, sich gegen Risiken abzusichern, z. B. private Altersvorsorge zu betreiben. – Das soziale Netz ist aus wachsenden Einkommen leichter zu finanzieren.
Entschärfung der Verteilungskonflikte	– Wenn das Einkommen aller Wirtschaftssubjekte wächst, werden Verteilungskonflikte entschärft.
Erhöhung individueller Freiheitsräume	– Wachsender Wohlstand ermöglicht mehr individuelle Freiräume, z. B. in Bezug auf die Gestaltung von Arbeitszeit und Freizeit.
steigende Staatseinnahmen	– Steigende Einkommen erhöhen auch die Steuereinnahmen des Staates. – Bildung, Forschung, Straßenbau, Sicherheit und andere Staatsaufgaben sind damit leichter finanzierbar.

qualitatives und quantitatives Wirtschaftswachstum

quantitatives Wachstum (extensives Wachstum)

Wachstum durch stärkere Ausnutzung der vorhandenen Produktivkräfte

Beispiele:
- Abbau der Arbeitslosigkeit durch mehr Beschäftigung
- Erweiterungsinvestitionen (ohne technischen Fortschritt)
- erhöhter Ressourcenverbrauch

qualitatives Wachstum (intensives Wachstum)

Wachstum durch bessere (effizientere) Ausschöpfung der Produktivkräfte

Beispiele:
- Bildungsinvestitionen
- Innovations- und Rationalisierungsinvestitionen
- verringerter Ressourcenverbrauch durch technologischen Fortschritt

nominales und reales Wirtschaftswachstum

nominales Wachstum

- Das Wirtschaftswachstum wird als Steigerung des BIP gegenüber dem Vorjahr *in den jeweils aktuellen Preisen* ausgedrückt.
- Die Wachstumsrate enthält damit auch die Preissteigerungsrate.

reales Wachstum

- Das Wirtschaftswachstum wird als Steigerung des BIP gegenüber dem Vorjahr *in den Preisen des Vorjahres oder eines Basisjahres* ausgedrückt.
- Die Preissteigerung wird bei dieser Messung herausgerechnet. Gemessen wird die reale Leistungssteigerung der Gesamtwirtschaft.

Die prozentuale Veränderung des realen BIP ist heute die übliche Messgröße zur Beschreibung des Wirtschaftswachstums.

Berechnung des Wirtschaftswachstums

Berechnung der nominalen Wachstumsrate

- Das nominale BIP wird in absoluten Euro-Beträgen angegeben.
- Die prozentuale Veränderung wird in der Regel im Vergleich zum Vorjahr ermittelt.

Beispiel:
BIP 2005 nominal: 2 244,6 Mrd. Euro
BIP 2006 nominal: 2 322,2 Mrd. Euro
BIP 2007 nominal: 2 423,8 Mrd. Euro

Wachstumsraten

$$2006: \frac{(2\,322{,}2 - 2\,244{,}6) \cdot 100}{2\,244{,}6} = 3{,}46\,\%$$

$$2007: \frac{(2\,423{,}8 - 2\,322{,}2) \cdot 100}{2\,322{,}2} = 4{,}38\,\%$$

Berechnung der realen Wachstumsrate

- Das reale BIP wird nicht in absoluten Euro-Beträgen angegeben, sondern in Form eines preisbereinigten, verketteten Index.
- Referenzjahr ist zurzeit (Stand 01.06.2008) das Jahr 2000 (Indexwert = 100).

Beispiel:
BIP (real 2005): Indexwert 102,9
BIP (real 2006): Indexwert 105,8
BIP (real 2007): Indexwert 108,5

Wachstumsraten

$$2006: \frac{(105{,}8 - 102{,}9) \cdot 100}{102{,}9} = 2{,}82\,\%$$

$$2007: \frac{(108{,}5 - 105{,}8) \cdot 100}{105{,}8} = 2{,}55\,\%$$

Kritik am Wachstumsziel

Innere Freiheit des Konsumenten nimmt ab.
- Werbung schafft künstliche Bedürfnisse.
- Konsument wird „Sklave" seiner Bedürfnisse.

Wachstum verzehrt Rohstoffe.
- Knappe Rohstoffe werden verbraucht.
- Lebenschancen künftiger Generationen werden eingeschränkt.

Wachstum verursacht Umweltschäden.
- Durch Luft- und Wasserverschmutzung usw. wird der Lebensraum künftiger Generationen geschädigt.

Wachstum und Lebensqualität stehen nicht immer in Zusammenhang.
- Zunahme von „Wohlstandskrankheiten", z. B. Diabetes, Allergien, Fettsucht.

Alternative Konzepte der Wohlstandsmessung am Beispiel des Systems sozialer Indikatoren der OECD

- Ausbildung
- Gesundheit
- Arbeit und Qualität des Arbeitslebens
- Freizeit
- Kaufkraft
- physische Umwelt
- Sicherheit
- soziale Beteiligungschancen

2.2 Instrumente der Wachstumspolitik

Instrumente der Wachstumspolitik

Investitionspolitik

Beispiele:
- steuerliche Entlastungen, z. B. Verbesserung der Abschreibungsbedingungen
- Deregulierung (Abbau von Auflagen)
- leistungsfähiges und stabiles Bankensystem
- Sicherung der Preisniveaustabilität (als Voraussetzung für die Ersparnisbildung der privaten Haushalte)

Arbeitsmarktpolitik

Beispiele:
- monetäre Anreize
- Förderung räumlicher und beruflicher Flexibilität
- flexible Lohnpolitik

Bildungs- und Forschungspolitik

Beispiele:
- Forschungsförderung
- Einführung allgemeinverbindlicher Bildungsstandards
- Ausbau von Schulen und Universitäten
- Meister-BAföG

Wettbewerbspolitik

Beispiele:
- Kartellverbot
- Preisauszeichnungspflicht

Gesellschaftspolitik

Beispiele:
- Förderung der Vereinbarkeit von Familie und Beruf
- Erhöhung der Erwerbsquote von Frauen
- Förderung selbstständiger Tätigkei und Existenzgründung

Umwelt- und Ressourcenpolitik

Beispiele:
- Förderung von erneuerbaren Energien
- Förderung von Energiesparmaßnahmen

3 Hoher Beschäftigungsstand

3.1 Hoher Beschäftigungsstand als Ziel der Wirtschaftspolitik

Ein hoher Beschäftigungsstand wird als Ziel der Wirtschaftspolitik im Stabilitätsgesetz genannt. Der Grad der Zielerreichung kann entweder über die Auslastung des Produktionspotenzials oder über die Arbeitslosenquote gemessen werden.

Definition hoher Beschäftigungsstand

Auslastung des Produktionspotenzials

Ein hoher Beschäftigungsstand liegt vor, wenn das Produktionspotenzial einen Auslastungsgrad von durchschnittlich ca. 95 % aufweist.
(Produktionspotenzial = Produktionsleistung [BIP], die eine Volkswirtschaft bei Normalauslastung der vorhandenen Faktoren, insbesondere Sachkapital und Arbeitskräfte, erbringen könnte)

Auslastung des Faktors Arbeit (Arbeitslosenquote)

Nach herrschender Meinung liegt Vollbeschäftigung vor, wenn die Arbeitslosenquote weniger als 4–5 % beträgt.

(Arbeitslosenquote = Zahl der Arbeitslosen als Prozentsatz der Zahl der abhängig Beschäftigten oder aller Erwerbspersonen)

Arbeitslosigkeit liegt vor, wenn ein Arbeitnehmer vorübergehend nicht in einem Beschäftigungsverhältnis steht und eine sozialversicherungspflichtige Beschäftigung von mindestens 15 Wochenstunden sucht.

Gründe für das Vollbeschäftigungsziel

aus Sicht des Einzelnen

- Mit erzieltem Arbeitseinkommen lässt sich der Lebensunterhalt bestreiten.
- Aus beruflicher Arbeit lässt sich persönliche Erfüllung beziehen.
- erhöhte Zukunftssicherheit
- erhöhtes Selbstwertgefühl
- Zufriedenheit

aus Sicht der Gesamtwirtschaft

- Höheres Bruttoinlandsprodukt: Arbeitslosigkeit verursacht volkswirtschaftliche Kosten in Form von Ausgaben, z. B. Arbeitslosengeld I + II, Wohngeld, und Mindereinnahmen, z. B. niedrigere Einkommen- und Umsatzsteuereinnahmen, Defizite in den Sozialkassen.
- Nicht genutztes Arbeitskräftepotenzial führt zu Wohlstandseinbußen.
- Massenarbeitslosigkeit birgt die Gefahr sozialer Unruhen.

Berechnung der Arbeitslosenquote

Variante 1

$$\frac{\text{registrierte Arbeitslose} \cdot 100}{\text{zivile Erwerbspersonen}}$$

- **übliche Messung**, um die gesamtdeutsche Arbeitslosenquote zu ermitteln

Variante 2

$$\frac{\text{registrierte Arbeitslose} \cdot 100}{\text{abhängig Beschäftigte}}$$

- wird aus datentechnischen Gründen angewendet, wenn die Arbeitslosenquoten einzelner Personengruppen ermittelt werden sollen, z. B. die Arbeitslosenquoten von portugiesischen Mitbürgern oder von Akademikern

- **zivile Erwerbspersonen**
  - **registrierte Arbeitslose**
  - **Erwerbstätige**
    - **abhängig Beschäftigte**
    - **Selbstständige und mitarbeitende Familienangehörige**

Neben der Arbeitslosenquote gibt es auch noch die sogenannte **Erwerbslosenquote**, die nach den Standards der Internationalen Arbeitsagentur ILO ermittelt wird.

Erwerbslosenquote (ILO-Konzept)

$$\frac{\text{Erwerbslose} \cdot 100}{\text{Erwerbspersonen}}$$

Erwerbslose (gemäß ILO-Definition):
Erwerbslose sind Personen im Alter von 15–74 Jahren, die
- weniger als eine Stunde pro Woche arbeiten,
- in den letzten vier Wochen aktiv Arbeit gesucht haben,
- binnen zwei Wochen für eine Arbeitstätigkeit verfügbar sind.

Erwerbspersonen (gemäß ILO-Definition):
Erwerbstätige + Erwerbslose

3.2 Rahmenbedingungen der Beschäftigungspolitik

- **Rahmenbedingungen der Beschäftigungspolitik**
  - **Kosten des Faktors Arbeit**
    - Löhne und Gehälter
    - Lohnnebenkosten
  - **Flexibilität bzw. Regulierung des Arbeitsmarktes**
    - Bedingungen für die Errichtung von Betriebsstätten, z. B. Genehmigungsverfahren
    - Arbeitszeitgesetze
    - Kündigungsschutzgesetze
  - **Finanzlage der öffentlichen Haushalte (einschließlich Sozialversicherungen)**
    - Finanzierung der Staatshaushalte und Sozialkassen erfordert Steuereinnahmen und Abgaben auf Arbeitseinkommen.

3.3 Arten und Ursachen von Arbeitslosigkeit

Arten der Arbeitslosigkeit

offene Arbeitslosigkeit

– registrierte Arbeitslose

verdeckte Arbeitslosigkeit

– Personen, die zurzeit nicht in den Arbeitslosenzahlen enthalten sind, aber zusätzlich zu den registrierten Arbeitslosen für die Leistungserstellung mobilisiert werden könnten, z. B. Teilzeitkräfte, Kurzarbeiter, nicht registrierte Arbeitsuchende, Hausfrauen

Arbeitslosigkeit nach der Ursache

- **strukturelle Arbeitslosigkeit**
- **konjunkturelle Arbeitslosigkeit**
- **friktionelle Arbeitslosigkeit**
- **saisonale Arbeitslosigkeit**

Ursachen der Arbeitslosigkeit

Art der Arbeitslosigkeit	Gründe
strukturelle Arbeitslosigkeit	– Struktur von Arbeitskräfteangebot der Arbeitnehmer und Arbeitskräftenachfrage der Unternehmen stimmt nicht überein: • *regionaler Aspekt*, z. B. mangelnde Mobilität, wenn ein arbeitsloser Ingenieur in Hamburg nicht bereit ist, eine offene Ingenieurstelle in München zu besetzen • *Qualifizierungsaspekt*, z. B. kann ein arbeitsloser Bäcker keine offene Ingenieurstelle besetzen – genereller Mangel an Arbeitsnachfrage der Unternehmen: • wegen Verlust wirtschaftlicher Bedeutung einzelner Branchen, z. B. Arbeitplatzabbau im Bergbau oder in der Textilindustrie • wegen technologischer Entwicklungen, z. B. Einsatz von SB-Geräten im Kreditgewerbe, Robotereinsatz in der Automobilindustrie
konjunkturelle Arbeitslosigkeit	Zyklische Schwankungen der gesamtwirtschaftlichen Nachfrage führen zu unterschiedlicher Beschäftigung und damit zu Veränderungen der Arbeitslosenzahl. Im Zusammenhang mit der konjunkturellen Arbeitslosigkeit wird die sogenannte *Beschäftigungsschwelle* gemessen. Sie wird für Deutschland auf ca. 1,5 % geschätzt und besagt, dass es erst ab einem Wirtschaftswachstum von 1,5 % und mehr zu einem spürbaren Abbau von Arbeitslosigkeit kommt.
friktionelle Arbeitslosigkeit (Fluktuationsarbeitslosigkeit)	Bei Aufgabe oder Verlust eines Arbeitsplatzes entsteht eine vorübergehende Arbeitslosigkeit bis zur Aufnahme einer neuen Tätigkeit.
saisonale Arbeitslosigkeit	jahreszeitlich bedingte Schwankungen der Beschäftigung in bestimmten Branchen, z. B. Landwirtschaft, Baugewerbe, Tourismus

3.4 Instrumente der Arbeitsmarkt- und Beschäftigungspolitik

Instrumente der Arbeitsmarkt- und Beschäftigungspolitik

aktive Maßnahmen

dienen der Wiedereingliederung in ein Beschäftigungsverhältnis

Beispiele:
- Vermittlungstätigkeit der Arbeitsagenturen
- Arbeitsbeschaffungsmaßnahmen (ABM)
- Existenzgründungsförderung
- Förderung der Berufsausbildung
- Förderung der Weiterbildung
- Umschulungsmaßnahmen

passive Maßnahmen

dienen der Existenzsicherung von Arbeitslosen (Entgeltersatzleistungen)

Beispiele:
- Arbeitslosengeld I
- Arbeitslosengeld II
- Teilarbeitslosengeld
- Insolvenzgeld
- Kurzarbeitergeld
- Vorruhestandsgeld
- Altersruhegeld

Maßnahmen zur Beeinflussung der Nachfrage nach Arbeitskräften

strukturpolitische Maßnahmen

Anreize zur mittel- und langfristigen Erhöhung oder Sicherung der Beschäftigung z. B. durch:
- Anpassungsbeihilfen zur Veränderung der Produktionsstruktur
- Maßnahmen zur Senkung der Lohnstückkosten
- Deregulierung des Arbeitsmarktes

konjunkturpolitische Maßnahmen

Anreize zur kurzfristigen Erhöhung der Beschäftigung z. B. durch:
- Steuervergünstigungen für die Schaffung neuer Arbeitsplätze
- Ausweitung der Geldmenge zur Erhöhung der Nachfrage
- Zuschüsse für die Schaffung von Ausbildungsplätzen

4 Stabilität des Preisniveaus

4.1 Stabilität des Preisniveaus als Ziel der Wirtschaftspolitik

Stabilität des Preisniveaus bedeutet, dass das Preisniveau über einen möglichst langen Zeitraum unverändert bleiben soll. Ein stabiles Preisniveau ist z. B. gegeben, wenn man sich in einem Jahr für 100 Euro Waren und Dienstleistungen in gleicher Menge und Qualität kaufen kann wie heute. Anders ausgedrückt: Das Ziel Preisniveaustabilität ist erreicht, wenn die Preissteigerungsrate (Inflationsrate) über einen Monat oder ein Jahr möglichst gering ist.

Die Stabilität des Preisniveaus ist Voraussetzung für einen stabilen Geldwert. Nach der Definition der Europäischen Zentralbank (EZB) ist Preisstabilität gegeben, wenn der harmonisierte Verbraucherpreisindex im Euro-Währungsgebiet gegenüber dem Vorjahr um weniger als 2 % steigt.

Das Preisniveau und seine Entwicklung werden über Preisindizes gemessen.

Preisindizes zur Messung der Preisentwicklung

- **Verbraucherpreisindex (VPI) für die Bundesrepublik Deutschland**
- **Harmonisierter Verbraucherpreisindex (HVPI) für den Euro-Währungsraum**

Für den **Verbraucherpreisindex (VPI)** hat das Statistische Bundesamt einen **„Warenkorb"** definiert, der die typischen Verbrauchsgewohnheiten der privaten Haushalte repräsentiert. Im Warenkorb sind ca. 750 Positionen enthalten. An der Preisentwicklung dieses Warenkorbes wird die Inflationsrate gemessen.

Der HVPI wird für europäische Zwecke vom Statistischen Bundesamt zusätzlich zum VPI gemessen. Er wird für internationale Vergleiche genutzt und ist Maßstab für die Beurteilung der Preisniveaustabilität in der Eurozone.

Der deutsche VPI und der europäische HVPI unterscheiden sich u. a. bezüglich der Einbeziehung von selbst genutztem Wohneigentum und der Kraftfahrzeugsteuer, die nur im VPI und nicht im HVPI enthalten sind.

Warenkorb als Grundlage des Verbraucherpreisindex	
Welche Kriterien müssen die Güter im Warenkorb erfüllen?	– Die Güter müssen typisch für den Verbrauch sein. – Die Güter müssen preisstatistisch erfassbar sein. – Die Güter sollten auch repräsentativ für Preisentwicklungen von nicht im Warenkorb enthaltenen Gütern sein.
Wie wird der Warenkorb bestimmt?	– Die ca. 750 Güter sollen das gesamte Spektrum der Nachfrage abdecken (von Lebensmitteln über Wohnraumnutzung bis zu Urlaubsreisen). – Dazu wird bei ca. €2 000 Haushalten die Höhe und Struktur der Verbrauchsausgaben erfasst. – Die Güter werden im Warenkorb gemäß ihrem Ausgabevolumen gewichtet. – Die Zusammensetzung des Warenkorbs wird alle fünf Jahre überprüft.
Wo und wann wird gemessen?	Gemessen wird – in 190 Berichtsgemeinden, die über ganz Deutschland verteilt sind und – an ca. 40 000 Berichtsstellen (Einzelhändler usw.). Monatlich werden ca. 350 000 Einzelpreise erhoben.
Welche Schwächen hat die Messung anhand des Warenkorbs?	– Die Wägung der erfassten Güter stellt auf den Durchschnitt der Haushalte ab. Subjektives Empfinden und objektive Betroffenheiten weichen aber davon ab. – Verbrauchsgewohnheiten ändern sich im Zeitablauf; der Warenkorb ist aber über einen längeren Zeitraum fixiert. – Durch die feste Auswahl von Preiserfassungsstellen werden neue, günstigere Vertriebsformen nicht oder nur zeitverzögert berücksichtigt. – Modellwechsel und Produktneuheiten werden nur zeitverzögert im Warenkorb berücksichtigt. – Preiserhöhungen im Zusammenhang mit Qualitätsveränderungen sind nur schwer quantifizierbar.

4.2 Störungen der Stabilität des Preisniveaus

Störungen der Stabilität des Preisniveaus entstehen aus **Ungleichgewichten zwischen der nachfragewirksamen Geldmenge und dem gesamtwirtschaftlichen Angebot an Gütern und Dienstleistungen.**

4.2.1 Inflation

Inflation bezeichnet einen anhaltenden, deutlichen Anstieg des Preisniveaus.

Arten der Inflation nach dem Umfang der Geldentwertung

schleichende Inflation	trabende Inflation	galoppierende Inflation	Hyperinflation
– Geldentwertung bis zu 3 % p. a. als Folge der ökonomischen Dynamik	– Geldentwertung bis zu 20 % p. a. – Wertaufbewahrungsfunktion des Geldes geht zunehmend verloren.	– Geldentwertung bis zu 50 % p. a. – Gläubiger-/Schuldnerstruktur der Geldwirtschaft wird zunehmend zerstört.	– hohe Beschleunigung der Umlaufgeschwindigkeit des Geldes – Jeder ist bestrebt, seine Geldbestände schnellstmöglich in Waren umzutauschen.

Arten der Inflation nach den Inflationsursachen	
nachfrageinduzierte Inflation	**erhält ihren Impuls von der Nachfrageseite:** – Privater Verbrauch steigt aufgrund Einkommenswachstums. – Private Investitionen steigen, z. B. aufgrund positiver Zukunftserwartungen. – Staatsausgaben steigen. – Auslandsnachfrage nimmt zu. Die Güternachfrage übersteigt die Möglichkeiten der Anbieter zur Güterbereitstellung. Die Kapazitäten sind voll ausgelastet. Auf die hohe Nachfrage reagieren die Anbieter mit Preisanhebungen.
angebotsinduzierte Inflation	**erhält ihren Impuls von der Angebotsseite:** – **Kosteninflation:** Unternehmen wälzen eigene Kostensteigerungen, z. B. Lohnsteigerungen, höhere Steuern, höhere Zinskosten, Preissteigerungen bei Rohstoffen, auf die Nachfrager ab. – **Gewinninflation:** Unternehmen erhöhen die Preise, um ihre Gewinnmarge auszubauen (bei funktionierendem Wettbewerb können Kunden dann aber auf Wettbewerber ausweichen).
monetäre Inflation	entsteht durch eine übermäßige Vergrößerung der Geldmenge. Die nachfragewirksame Geldmenge ist größer als das gesamtwirtschaftliche Angebot. Theoretische Grundlage der Überlegungen ist die „Quantitätsgleichung des Geldes" (siehe unten).

Quantitätsgleichung des Geldes: $M \cdot U = H \cdot P$

M = nominale Geldmenge
U = Umlaufgeschwindigkeit des Geldes
H = Handelsvolumen (abgesetzte Gütermengen)
P = Preisniveau

Die Auflösung der Formel nach P ergibt: $P = \frac{M \cdot U}{H}$

Annahme: U und H sind kurzfristig konstant.
Erkenntnis: Falls M steigt, steigt auch P.

Arten der Inflation nach ihrer Herkunft

hausgemachte Inflation	importierte Inflation
– Auslöser der Inflation sind binnenwirtschaftliche Faktoren, z. B.: • übermäßige Lohnerhöhungen • Steuererhöhungen	– Auslöser der Inflation sind außenwirtschaftliche Einflüsse. Zu unterscheiden sind: • importierte Nachfrageinflation • importierte Angebotsinflation • importierte monetäre Inflation

Arten der importierten Inflation	
importierte Nachfrageinflation	Ein Anstieg der Auslandsnachfrage verursacht ein Ungleichgewicht zwischen Güterangebot und Güternachfrage: 1. Exporteure erhalten Zahlungen aus dem Ausland. Die Geldmenge steigt. 2. Die exportierten Güter stehen für die inländischen Gütermärkte nicht zur Verfügung. Die Gütermenge nimmt ab.
importierte Angebotsinflation	Preissteigerungen be Importgütern werden von den Importeuren auf die inländischen Verkaufspreise überwälzt, z. B. höhere Ölpreise.
importierte monetäre Inflation	Starke Kapitalzuflüsse aus dem Ausland, z. B. wegen attraktiver Anlagezinsen im Inland, erhöhen die inländische Geldmenge.

Folgen der Inflation	
Umverteilung von Einkommen und Vermögen	– Gläubiger werden tendenziell benachteiligt, Schuldner begünstigt. – Bezieher fester Einkommen, z. B. Rentner und abhängig Beschäftigte, werden benachteiligt. – Bezieher niedriger Einkommen verlieren tendenziell stärker als Bezieher höherer Einkommen. – Geldvermögensbesitzer sind gegenüber Sachvermögensbesitzern benachteiligt.
Verschlechterung der internationalen Wettbewerbsfähigkeit	– Exporte werden teurer und nehmen daher ab, Importe werden preiswerter und nehmen daher zu. – Ohne Wechselkursanpassungen kommt es in der Folge zu sinkendem Wirtschaftswachstum und steigender Arbeitslosigkeit.
Fehlallokationen	– Preise verlieren aufgrund inflationärer Verzerrungen ihre Koordinationsfunktion, d. h., Güter und Produktionsfaktoren werden nicht mehr durch Marktmechanismen ihrer bestmöglichen Verwendung zugeführt. – Investitionsruinen beeinträchtigen künftiges Wachstum.

4.2.2 Deflation

Als Deflation wird ein allgemeines und anhaltendes Absinken des Preisniveaus bezeichnet. Dem Absinken des Preisniveaus geht in der Regel ein Rückgang der gesamtwirtschaftlichen Nachfrage voraus.

Arten und Ursachen der Deflation

nachfrageinduzierte Deflation

Ursachen:
- Senkungen der Staatsausgaben
- starke Konsumzurückhaltung und übermäßiges Sparen der privaten Haushalte
- Rückgang der Investitionstätigkeit der Unternehmen
- Exportrückgänge

angebotsinduzierte Deflation

Ursachen:
- Produktivitätszuwächse ohne entsprechende Lohnzuwächse
- Rationalisierung mit übermäßigem Abbau von Arbeitsplätzen

Folgen der Deflation	
Umverteilung von Einkommen und Vermögen	– Gläubiger werden begünstigt, Schuldner benachteiligt. – Die Bereitschaft, Kredite aufzunehmen, sinkt. Dadurch unterbleiben für das Wirtschaftswachstum wichtige Investitionen. – Sachvermögensbesitzer verlieren gegenüber Besitzern von Geldvermögen.
Angebotsüberschuss	– Der gesamtwirtschaftliche Nachfragerückgang führt zu Preissenkungen und zur Drosselung der Produktion. – Angesichts des Nachfragerückgangs unterbleiben Investitionen.
Unternehmenszusammenbrüche und Arbeitslosigkeit	– Im Zuge der Produktionseinschränkungen werden Arbeitskräfte entlassen. – Die Kaufkraft der Arbeitnehmerhaushalte sinkt. – Bei anhaltenden Preisrückgängen können Unternehmen zunehmend nicht mehr rentabel arbeiten und werden insolvent.

Von der Deflation zu unterscheiden ist die Disinflation, d.h. der deutliche Rückgang der Inflationsrate bis nahe null.

4.3 Geldschöpfung

4.3.1 Wesen und Aufgaben des Geldes

Geld ist ein Gut, das im Wirtschaftsverkehr regelmäßig als Tauschmittel verwendet wird. Geld verkörpert Verfügungsmacht über Waren und Dienstleistungen.

In der Geschichte der Menschheit wurden viele verschiedene Güter als Geld genutzt, z.B. Muscheln, Vieh, Gold, Papier. Nach dem 2. Weltkrieg und vor Einführung der DM wurde in Deutschland beispielsweise verbreitet mit Zigaretten gezahlt, die von jedermann als Wertmaßstab und Zahlungsmittel anerkannt waren.

Notwendige Eigenschaften eines Gutes, um als Geld akzeptiert zu werden	
Knappheit	Nur ein knappes Gut genießt Wertschätzung.
Teilbarkeit	Das Gut muss unterschiedliche Tauschwerte darstellen können.
Gleichwertigkeit	Jede Geldeinheit muss gleich wertvoll sein.
Haltbarkeit	Der Wert muss auch über längere Zeit erhalten bleiben.
Übertragbarkeit	Das Gut muss den Eigentümer schnell und unkompliziert wechseln können.

Funktionen des Geldes

- allgemeines Tauschmittel
- Wertmaßstab und Recheneinheit
- Wertaufbewahrungsmittel
- Wertübertragungsmittel
- gesetzliches Zahlungsmittel

Arten des Geldes

Bargeld
- Banknoten
- Münzen

Buchgeld
- Sichteinlagen
- durch Kreditgewährung von Kreditinstituten bereitgestellte Mittel

elektronisches Geld
- Kartengeld
- Netzgeld

Geldersatzmittel
- Schecks
- Wechsel

Zentralbankgeld

- Gesamtbestand umlaufender Banknoten
- Sichtguthaben der Banken bei der Notenbank

4.3.2 Entstehung des Geldes

In der Europäischen Wirtschafts- und Währungsunion gibt es drei Geldproduzenten.

Geldproduzenten

Europäische Zentralbank
- Bargeldschöpfung (Ausgabe von Euro-Banknoten)
- Giralgeldschöpfung

Kreditinstitute
- Giralgeldschöpfung

Regierungen der Mitgliedstaaten
- Bargeldschöpfung (Ausgabe von Euro-Münzen)

4.3.2.1 Geldschöpfung durch eine Zentralbank

Bargeldschöpfung

Beispiel:
Eine Zentralbank kauft Gold im Wert von 1 Mrd. Euro und Wertpapiere im Wert von 4 Mrd. Euro an und bezahlt bar.

Aktiva	Zentralbankbilanz		Passiva
Gold	1,0	Banknotenumlauf	5,0
Wertpapiere	4,0		

Giralgeldschöpfung

Beispiel: 1
Die Zentralbank kauft von Kreditinstituten Devisen im Wert von 2 Mrd. Euro gegen Gutschrift auf den Konten der Verkäufer an.

Aktiva	Zentralbankbilanz		Passiva
Gold	1,0	Banknotenumlauf	5,0
Wertpapiere	4,0		
Devisen	2,0	Verbindlichkeiten gegenüber Kreditinstituten	2,0

Beispiel: 2
Die Zentralbank gewährt Kredite über 3,5 Mrd. Euro an Kreditinstitute und schreibt den Gegenwert auf Konten der Kreditnehmer gut.

Aktiva	Zentralbankbilanz		Passiva
Gold	1,0	Banknotenumlauf	5,0
Wertpapiere	4,0		
Devisen	2,0	Verbindlichkeiten gegenüber Kreditinstituten	5,5
Forderungen an Kreditinstitute	3,5		

Giralgeldvernichtung

Beispiel
Die Zentralbank verkauft Devisen im Wert von 1 Mrd. Euro an Kreditinstitute und mindert ihre Verbindlichkeiten gegenüber den Kreditinstituten.

Aktiva	Zentralbankbilanz		Passiva
Gold	1,0	Banknotenumlauf	5,0
Wertpapiere	4,0		
Devisen (./. 1 Mrd.)	1,0	Verbindlichkeiten gegenüber Kreditinstituten (./. 1 Mrd.)	4,5
Forderungen an Kreditinstitute	3,5		

4.3.2.2 Geldschöpfung durch Kreditinstitute

Arten der Geldschöpfung durch Kreditinstitute

- **passive Giralgeldschöpfung**
- **aktive Giralgeldschöpfung**

Passive Giralgeldschöpfung

Passive Giralgeldschöpfung liegt vor, wenn Kreditinstitute Bargeld in Buchgeld umwandeln, z. B. wenn Kunden Bargeld zur Gutschrift auf Kontokorrentkonten einzahlen.

Beispiel:
Kunden zahlen 100 000 Euro auf Konten eines Kreditinstituts ein:

Aktiva	Bilanz eines Kreditinstitutes		Passiva
. .			
Kasse	100 000	Verbindlichkeiten gegenüber Kunden (Sichteinlagen)	100 000

Aktive Giralgeldschöpfung

Aktive Giralgeldschöpfung liegt vor, wenn Kreditinstitute zusätzliches Buchgeld schaffen. Das ist möglich, weil die Kunden über einen Großteil ihrer Einlagen bargeldlos verfügen. Da nur ein Teil der Kundeneinlagen bar abgehoben wird, können die nicht für diesen Zweck benötigten Kassenbestände (Überschussreserven) als Kredite ausgeliehen werden (einfache Giralgeldschöpfung). Da auch über die aus Überschussreserven bereitgestellten Kredite zumeist bargeldlos verfügt wird, können auch diese jeweils neu entstehenden Überschussreserven als Kredite ausgeliehen werden (multiple Giralgeldschöpfung).

In der Praxis wird die aktive Giralgeldschöpfung begrenzt durch die Liquiditätsreserve aus
- der Kassenreserve für Bargeldverfügungen der Kunden,
- der von der EZB geforderten und bei ihr zu unterhaltenden Mindestreserve.

Die maximale Giralgeldschöpfung (Kreditschöpfung) lässt sich über den Geldschöpfungsmultiplikator berechnen.

Geldschöpfungsmultiplikator

$$\triangle G = \frac{1}{c + r \cdot (1-c)} \text{ÜR}$$

$\triangle G$ = zusätzlich geschaffenes Giralgeld
ÜR = Überschussreserve (Bareinzahlung eines Kunden oder Kreditaufnahme bei der Notenbank)
c = Bargeldabflussquote
r = Mindestreservesatz

Die Fähigkeit der Geschäftsbanken zur Geldschöpfung
- steigt mit Steigen der Überschussreserve bzw. Sinken des Mindestreservesatzes oder der Bargeldabflussquote,
- sinkt mit Sinken der Überschussreserve bzw. Steigen des Mindestreservesatzes oder der Bargeldabflussquote.

4.4 Geldpolitik

4.4.1 Träger der Geldpolitik

Träger der Geldpolitik in der Europäischen Union (EU) ist das Europäische System der Zentralbanken. Vorrangiges Ziel des ESZB ist die Stabilität des Preisniveaus in der Europäischen Union.

Europäisches System der Zentralbanken (ESZB)		
EZB	16 nationale Zentralbanken der EU-Staaten, die den Euro eingeführt haben (Stand: 01.01.2009)	11 nationale Zentralbanken der EU-Staaten, die den Euro noch nicht eingeführt haben
Eurosystem		

Organe des ESZB sind die Europäische Zentralbank (EZB) und die nationalen Zentralbanken.

Organe der EZB und ihre Aufgaben

EZB-Direktorium	EZB-Rat	erweiterter EZB-Rat
Zusammensetzung: – Präsident + Vizepräsident – vier weitere Mitglieder aus den Ländern, die den Euro eingeführt haben	**Zusammensetzung:** – Präsident + Vizepräsident – vier weitere Mitglieder des Direktoriums – Präsidenten der 16 nationalen Zentralbanken des Euro-Währungsgebietes	**Zusammensetzung:** – Präsident + Vizepräsident – Präsidenten der 27 nationalen Zentralbanken aller EU-Mitgliedstaaten
Aufgaben: – Vorbereitung der Sitzungen des EZB-Rates – Umsetzung der geldpolitischen Entscheidungen des EZB-Rates (Weisungsbefugnis gegenüber den nationalen Zentralbanken) – Ausführung der laufenden Geschäfte der EZB	**Aufgaben:** – Festlegung der Leitlinien der gemeinsamen Geldpolitik des Eurosystems – Beschlussfassung über geldpolitische Maßnahmen, z. B. Leitzinsänderungen	**Aufgaben:** Mitwirkung bei – Koordinierung der Geldpolitik mit den EU-Ländern, die den Euro noch nicht eingeführt haben – Erhebung statistischer Daten – Berichterstattung der EZB – Aufnahme von EU-Staaten ins Eurosystem

Geldpolitische Beschlüsse des EZB-Rates gelten nur für das Eurosystem.

4.4.2 Strategien der Geldpolitik

Die geldpolitische Strategie des Eurosystems orientiert sich vorrangig am Ziel Preisniveaustabilität. Das Eurosystem verwendet bei Entscheidungen eine sogenannte 2-Säulen-Strategie. Im Mittelpunkt der monetären Analyse (2. Säule) steht dabei die Geldmenge M3.

Zwei-Säulen-Strategie der EZB

Vorrangiges Ziel der Geldpolitik der EZB: Preisniveaustabilität
(Preissteigerungsrate gemessen am HVPI soll kleiner, aber nahe 2 % sein)

EZB-Rat trifft geldpolitische Entscheidungen auf Basis einer Gesamtbewertung aller Risiken aus beiden Säulen.

1. Säule: wirtschaftliche Analyse	← → Überprüfung	**2. Säule: monetäre Analyse**
Analyse wirtschaftlicher Entwicklungen und Einflussfaktoren, z. B. Lohnsteigerungen		Analyse monetärer Trends, insbesondere Analyse der Geldmenge M3

Gesamtheit aller verfügbaren Informationen

Geldmengen M1, M2 und M3

Unter Einlagen in den folgenden Aufstellungen sind Einlagen von Nichtbanken bei Kreditinstituten zu verstehen.

Bargeldumlauf (abzüglich Kassenbestände der Kreditinstitute)
\+ täglich fällige Einlagen
= Geldmenge M1

M1
\+ Einlagen mit einer vereinbarten Laufzeit bis zu zwei Jahren
\+ Einlagen mit einer vereinbarten Kündigungsfrist von bis zu drei Monaten
= Geldmenge M2

M2
\+ Repogeschäfte, Verkauf von Wertpapieren mit gleichzeitiger Vereinbarung, Wertpapiere gleicher Art und Menge zu einem zukünftigen Termin mit einem festgesetzten Preis zurückzukaufen
\+ Schuldverschreibungen mit einer Laufzeit bis zu zwei Jahren
= Geldmenge M3

Die Geldmenge M3 steht im Mittelpunkt des Interesses der EZB, weil angenommen wird, dass die darin enthaltenen Positionen kurzfristig in Kaufkraft umgewandelt werden können und somit inflationäre Prozesse auslösen könnten, z. B. eine Nachfrageinflation.

4.4.3 Instrumente der Geldpolitik

geldpolitisches Instrumentarium der EZB

- **Offenmarktgeschäfte**
- **ständige Fazilitäten**
- **Mindestreserve**

4.4.3.1 Offenmarktgeschäfte

Offenmarktgeschäfte sind Geschäfte der EZB oder der nationalen Zentralbanken am Geldmarkt zur **Beeinflussung der Zinssätze und der Liquidität.**

Offenmarktgeschäfte

Haupt-Refinanzierungsgeschäfte
- befristete Transaktionen

Laufzeit: eine Woche
Angebot: ständig
Verfahren: Standardtender

längerfristige Refinanzierungsgeschäfte
- befristete Transaktionen

Laufzeit: drei Monate
Angebot: ständig
Verfahren: Standardtender

Aufgaben:
- Bereitstellung von Liquidität

Feinsteuerungsoperationen
- befristete Transaktionen
- Devisenswaps
- Hereinnahme von Termineinlagen

Angebot: unregelmäßig
Verfahren: Schnelltender, bilaterale Geschäfte

strukturelle Operationen
- befristete Transaktionen
- Emission von Schuldverschreibungen
- Käufe und Verkäufe von Wertpapieren

Angebot: unregelmäßig
Verfahren: Schnelltender, bilaterale Geschäfte

Aufgaben:
- Bereitstellung von Liquidität
- Abschöpfung von Liquidität

Wichtigste Maßnahme zur Liquiditätsbereitstellung bzw. Liquiditätsabschöpfung sind die **befristeten Transaktionen**. Sie können durchgeführt werden als
- **Pensionsgeschäfte**, d.h. durch Ankauf notenbankfähiger Sicherheiten mit Rückkaufsvereinbarung,
- **Pfandkredite**, d.h. Kreditgeschäfte gegen Verpfändung notenbankfähiger Sicherheiten.

Verfahren bei Offenmarktgeschäften

Tenderverfahren
- Standardtender
- Schnelltender

bilaterale Geschäfte

Beim **Tenderverfahren** holt die EZB über eine Ausschreibung Gebote der Geschäftspartner ein und nimmt anschließend die Zuteilung vor. **Geschäftspartner** sind grundsätzlich alle mindestreservepflichtigen Kreditinstitute.

Standardtender sollen allen Geschäftspartnern die Teilnahme ermöglichen. Die Abwicklung dauert von der Tenderankündigung bis zur Bestätigung der Zuteilung höchstens 24 Stunden. **Schnelltender** werden mit einem beschränkten Kreis von Geschäftspartnern durchgeführt. In der Regel dauert ihre Abwicklung nicht mehr als eine Stunde.

Je nach Art des Tenders müssen die Geschäftspartner in ihrem Gebot entweder nur Beträge aufgeben **(Mengentender)** oder Beträge und Zinssätze nennen **(Zinstender)**.

Bilaterale Geschäfte sind Direktabschlüsse mit einem oder wenigen Geschäftspartnern ohne vorherige Ausschreibung.

4.4.3.2 Ständige Fazilitäten

Ständige Fazilitäten ermöglichen den Geschäftspartnern, aus eigener Initiative Übernachtliquidität bei der Zentralbank aufzunehmen oder anzulegen.

ständige Fazilitäten

Spitzenrefinanzierungsfazilität

- Geldaufnahme „über Nacht"
- Initiative muss vom Geschäftspartner ausgehen

Laufzeit: ein Tag
Angebot: ständig
Verfahren: bilaterales Geschäft

Einlagenfazilität

- Geldanlage „über Nacht"
- Initiative muss vom Geschäftspartner ausgehen

Laufzeit: ein Tag
Angebot: ständig
Verfahren: bilaterales Geschäft

Die beiden Zinssätze der EZB für die Aufnahme und für die Anlage von Übernachtliquidität begrenzen den Tagesgeldsatz unter Banken. Keine Bank wird am Geldmarkt mehr für Tagesgeld bezahlen, als sie bei der EZB für einen Übernachtkredit bezahlen müsste. Keine Bank wird sich bei der Geldausleihe an andere Banken mit weniger Zinsen begnügen, als sie bei der Anlage bei der EZB erhalten würde.

4.4.3.3 Mindestreserve

Die Mindestreserve zwingt die Kreditinstitute dazu, Guthaben bei der Zentralbank (in Deutschland: Deutsche Bundesbank) zu unterhalten.

Mindestreserve

Grundregeln

- Die Geschäftspartner der EZB müssen 2 % ihrer Verbindlichkeiten (täglich fällige Einlagen, Einlagen mit einer vereinbarten Kündigungsfrist von bis zu zwei Jahren, Schuldverschreibungen mit einer Laufzeit von bis zu zwei Jahren, Geldmarktpapiere) als Guthaben auf ihrem Girokonto bei ihrer nationalen Zentralbank unterhalten.
- Die Mindestreserve wird geldmarktnah verzinst.

Erfüllungsmodalitäten

Mindestreserve-Soll
= reservepflichtige Verbindlichkeiten am Monatsultimo · Mindestreserve-Satz

Mindestreserve-Ist
= einfacher Durchschnitt aller Tagesendbestände auf dem Konto bei der nationalen Zentralbank

Zeitraum
beginnt jeweils mit dem Abwicklungstag des Hauptrefinanzierungsgeschäfts, das auf die Sitzung des EZB-Rates folgt, für die die monatliche Erörterung der Geldpolitik vorgesehen ist

Sanktionen bei Nicht-Erfüllung

- Zahlung eines „Strafzinses" auf den Fehlbetrag
  - bis zu 5 % über dem Satz der Spitzenrefinanzierungsfazilität
  - bis zur doppelten Höhe des Satzes der Spitzenrefinanzierungsfazilität.
- Verpflichtung zur unverzinslichen Einlage bis zur dreifachen Höhe des Fehlbetrages
- tägliche Erfüllung des Mindestreserve-Solls
- Ausschluss von den Offenmarktgeschäften und den ständigen Fazilitäten

4.5 Maßnahmen und Wirkungen der Geldpolitik

Ziele der Geldpolitik der EZB

Hauptziel	Nebenziele
Erhaltung der Preisniveaustabilität, d. h. der HVPI soll mittelfristig eine Steigerungsrate von unter, aber nahe bei 2 % aufweisen	Unterstützung der Regierungen bei anderen Zielen, z. B. Wachstum und Beschäftigung, wenn dadurch das Hauptziel nicht gefährdet wird

Maßnahmen und Wirkungen der Offenmarktpolitik

Lage: Inflation (Hochkonjunktur)	Lage: Deflation (Depression)
Ziele der EZB: – Inflationsbekämpfung – Konjunkturdämpfung	**Ziele der EZB:** – Nachfrageerhöhung – Konjunkturförderung
Maßnahmen: – Erhöhung der Leitzinsen – Abschöpfung von Liquidität im Rahmen von Tendergeschäften – Verkauf von Wertpapieren – Hereinnahme von Termineinlagen – Emission von Schuldverschreibungen – Förderung des Geldexports durch Devisenswapgeschäfte	**Maßnahmen:** – Senkung der Leitzinsen – Bereitstellung von Liquidität im Rahmen von Tendergeschäften – Kauf von Wertpapieren – Senkung des Geldexports durch Devisenswapgeschäfte
beabsichtigte Wirkungen (kurzfristig): – Verminderung der Geldmenge – Erhöhung des Zinsniveaus **beabsichtigte Wirkungen (langfristig):** – Verknappung der Geldmenge durch Verteuerung des Geldangebots – Dämpfung der Güternachfrage	**beabsichtigte Wirkungen (kurzfristig):** – Erhöhung der Geldmenge – Senkung des Zinsniveaus **beabsichtigte Wirkungen (langfristig):** – Ausweitung der Geldmenge durch Verbilligung des Geldangebots – Erhöhung der Güternachfrage

Maßnahmen und Wirkungen der ständigen Fazilitäten

Lage: Inflation (Hochkonjunktur)	Lage: Deflation (Depression)
Ziele der EZB: – Inflationsbekämpfung – Konjunkturdämpfung	**Ziele der EZB:** – Nachfrageerhöhung – Konjunkturförderung
Maßnahmen: – Erhöhung des Zinssatzes für die Spitzenrefinanzierungsfazilität – Erhöhung des Zinssatzes für die Einlagenfazilität	**Maßnahmen:** – Senkung des Zinssatzes für die Spitzenrefinanzierungsfazilität – Senkung des Zinssatzes für die Einlagenfazilität
beabsichtigte Wirkungen: – Verteuerung von kurzfristiger Liquidität bei Inanspruchnahme der Spitzenrefinanzierungsfazilität – Abschöpfung von kurzfristiger Liquidität über Einlagenfazilität	**beabsichtigte Wirkungen:** – Verbilligung von kurzfristiger Liquidität bei Inanspruchnahme der Spitzenrefinanzierungsfazilität – Minderung der Attraktivität kurzfristiger Geldanlagen

Maßnahmen und Wirkungen der Mindestreservepolitik	
Lage: Inflation (Hochkonjunktur)	**Lage: Deflation (Depression)**
Ziele der EZB: – Inflationsbekämpfung – Konjunkturdämpfung	**Ziele der EZB:** – Nachfrageerhöhung – Konjunkturförderung
Maßnahme: – Erhöhung der Mindestreservesätze	**Maßnahme:** – Senkung der Mindestreservesätze
beabsichtigte Wirkungen (kurzfristig): – Verringerung der Überschussreserven der Banken **beabsichtigte Wirkungen (langfristig):** – Verknappung der Geldmenge – Verringerung der Güternachfrage	**beabsichtigte Wirkungen (kurzfristig):** – Erhöhung der Überschussreserven der Banken **beabsichtigte Wirkungen (langfristig):** – Ausweitung der Geldmenge – Erhöhung der Güternachfrage

5 Haushaltsgleichgewicht

5.1 Ausgeglichener Staatshaushalt als Ziel der Wirtschaftspolitik

Bund und Länder haben bei ihrer Haushaltswirtschaft den Erfordernissen des gesamtwirtschaftlichen Gleichgewichts Rechnung zu tragen (Art. 109 Abs. 2 GG). Der Haushaltsplan ist in Einnahmen und Ausgaben auszugleichen (Art. 110 Abs. 1 GG).

ausgeglichener Staatshaushalt

Ausgleich ohne Aufnahme von Krediten (Idealvorstellung)	Ausgleich durch Kreditaufnahmen (Realität)
Langfristig sollten Staatsausgaben ausschließlich über Einnahmen aus Steuern, Beiträgen, Gebühren und Überschüssen aus Staatsbetrieben finanziert werden.	Staatsausgaben übersteigen die laufenden ordentlichen Einnahmen. Ein Ausgleich des Staatshaushalts kann nur durch Aufnahme von Krediten erfolgen. Gemäß Art. 115 Abs. 1 GG dürfen die Einnahmen aus Kreditaufnahmen allerdings die Summe der veranschlagten Ausgaben für Investitionen nicht übersteigen.

5.2 Haushaltspläne

Alle Einnahmen und Ausgaben des Bundes, der Länder und der Gemeinden sind in Haushaltspläne einzustellen. Haushaltspläne gliedern die geplanten Ausgaben und die zu ihrer Deckung erforderlichen Einnahmen systematisch. Haushaltspläne sind für ein Jahr oder mehrere Jahre aufzustellen.

Für die Aufstellung der Haushaltspläne und ihre Umsetzung gelten u. a. folgende Grundsätze **(Haushaltsgrundsätze)**:

- **Vollständigkeit**, d. h. sämtliche voraussichtlichen Einnahmen und Ausgaben sind auszuweisen,
- Ausgleich, d. h. es darf **keine Deckungslücken** bei der Finanzierung der vorgesehenen Ausgaben geben,
- **Sparsamkeit und Wirtschaftlichkeit,**
- **Öffentlichkeit**, d. h. jeder Bürger hat das Recht, in die Haushaltspläne Einblick zu nehmen.

5.3 Öffentliche Einnahmen und Ausgaben

5.3.1 Einnahmen

Einnahmearten

Steuern

Geldleistungen der Bürger an den Staat (Zwangsabgaben), denen keine unmittelbare Gegenleistung gegenübersteht, sondern die in das allgemeine Budget für die Finanzierung staatlicher Leistungen fließen, z. B. Besoldung der Staatsbediensteten, Zahlung von Subventionen, Finanzierung von Schulen und Hochschulen

Gebühren

Geldleistungen, die als Entgelt für bestimmte Dienstleistungen des Staates erhoben werden, z. B. Ausstellung eines Reisepasses, Maut für die Inanspruchnahme von Autobahnen durch Lkw

Beiträge

Abgaben, die für die Errichtung oder Erhaltung einer öffentlichen Einrichtung erhoben werden, z. B. Anliegerbeiträge für den Straßenbau

Erwerbseinkünfte

Einnahmen aus der wirtschaftlichen Betätigung des Staates, z. B. Einnahmeüberschüsse aus Staatsunternehmen oder Gewinne aus Beteiligungen an privaten Unternehmen

Diese Einnahmen stammen nicht aus der Ausübung hoheitlicher Tätigkeiten.

Steuern nach der Steuerhoheit

ausschließlich Bundessteuern

Beispiele:
- Mineralölsteuer
- Versicherungsteuer
- Tabaksteuer
- Stromsteuer
- Solidaritätszuschlag

ausschließlich Ländersteuern

Beispiele:
- Kraftfahrzeugsteuer
- Erbschaftsteuer
- Schenkungsteuer
- Grunderwerbsteuer
- Biersteuer

ausschließlich Gemeindesteuern

Beispiele:
- Gewerbesteuer
- Grundsteuer
- Hundesteuer

Gemeinschaftssteuern

Bund + Länder:
Körperschaftsteuer
Bund + Länder + Gemeinden:
- Lohn- und Einkommensteuer
- Umsatzsteuer
- Abgeltungsteuer

Steuern nach dem Steuergegenstand

Verkehrsteuern

werden auf die Teilnahme am Rechts- und Wirtschaftsverkehr erhoben

Beispiele:
- Umsatzsteuer
- Grunderwerbsteuer
- Versicherungsteuer

Verbrauchsteuern

werden auf den Verbrauch bestimmter Güter erhoben

Beispiele:
- Mineralölsteuer
- Stromsteuer
- Kaffeesteuer
- Tabaksteuer
- Branntweinsteuer
- Schaumweinsteuer

Besitzsteuern

Ertragsteuern

werden auf einen Vermögenszuwachs erhoben

Beispiele:
- Einkommensteuer
- Abgeltungsteuer
- Körperschaftsteuer
- Gewerbesteuer

Substanzsteuern

werden auf den Besitz von Vermögensgegenständen erhoben

Beispiel:
- Grundsteuer

Steuerarten nach der Erhebungsart

direkte Steuern

- Steuerschuldner ist der Steuerzahler selbst.
- Direkte Steuern sind direkt vom Steuerpflichtigen zu zahlen, z. B. Grunderwerbsteuer vom Käufer eines Grundstücks, oder über Dritte abzuführen, z. B. Lohnsteuer, bei der der Arbeitgeber die Steuer vom Arbeitslohn einbehält und an das Finanzamt abführt.

Beispiele:
- Einkommensteuer
- Lohnsteuer
- Körperschaftsteuer
- Gewerbesteuer

indirekte Steuern

- Steuerschuldner ist eine dritte Person.
- Indirekte Steuern werden in der Regel über den Preis einer Ware oder Dienstleistung erhoben.
- Träger der Steuer (Steuerbelasteter) ist der Käufer, Steuerschuldner ist ein Dritter (Verkäufer).

Beispiele:
- Umsatzsteuer
- Stromsteuer
- Tabaksteuer
- Mineralölsteuer

5.3.2 Ausgaben

Ausgabenarten

Sachausgaben

Ausgaben für erbrachte Leistungen

Beispiele:
Ein Bauunternehmen erneuert ein Teilstück einer Bundesautobahn und erhält aus dem Budget des Verkehrsministeriums die entsprechende Bezahlung.

Subventionen

Transferzahlungen an Unternehmen, d. h. Zahlungen, ohne dass die Unternehmen dafür eine Gegenleistung erbringen

Beispiele:
Eine deutsche Werft erhält Geld aus dem Budget des Wirtschaftsministeriums, um auf dem Weltmarkt konkurrenzfähig zu sein.

Personalausgaben

Tätigkeit der öffentlich Bediensteten (Beamte, Angestellte, Arbeiter), die Entlohnung erhalten

Beispiele:
Lohn- und Gehaltszahlungen an Bundesbeamte.

Sozialausgaben

Transferzahlungen an private Haushalte, die bestimmte Kriterien erfüllen

Beispiele:
- Arbeitslosengeld I
- Arbeitslosengeld II
- Wohngeld
- BAföG
- Kindergeld

5.4 Ziele staatlicher Einnahmen- und Ausgabenpolitik

Finanzpolitik ist die Entscheidung über den Einsatz der öffentlichen Einnahmen und Ausgaben zur Erreichung wirtschaftspolitischer Ziele.

Ziele staatlicher Einnahmenpolitik

Deckung des Staatshaushalts

- Einnahmen müssen grundsätzlich ausreichen, um die Ausgaben bezahlen zu können.

Lenkung von Verhaltensweisen

- Eindämmung von bestimmten Verhaltensweisen durch steuerliche Mehrbelastung, z. B. Erhöhung der Tabaksteuer
- Förderung bestimmter anderer Verhaltensweisen durch steuerliche Entlastung, z. B. Erhöhung der Steuerfreibeträge für Spenden an gemeinnützige Stiftungen

Umverteilung unter dem Aspekt der sozialen Gerechtigkeit

- Umverteilung von Einkommensstarken zu Einkommensschwachen, z. B. durch progressives Steuersystem
- Umverteilung zwischen Regionen, z. B. durch den Solidaritätszuschlag zugunsten der neuen Bundesländer

Stabilisierung

- Herstellung bzw. Sicherung des gesamtwirtschaftlichen Gleichgewichts durch antizyklische Einnahmenpolitik

Ziele staatlicher Ausgabenpolitik

Bereitstellung öffentlicher Güter

Beispiele:
- Straßen
- innere Sicherheit
- äußere Sicherheit
- Bildungseinrichtungen, z. B. Schulen

Unterstützung bzw. Sicherung eines bestimmten Lebensstandards

Beispiele:
- Arbeitslosengeld I + II
- Wohngeld
- BAföG

Stabilisierung

Beispiele:
- Errichtung und Renovierung öffentlicher Gebäude in einer Rezession
- vorgezogener Ausbau von Bundesstraßen in einer Rezession

5.5 Instrumente und Wirkungen staatlicher Einnahmen- und Ausgabenpolitik

Insbesondere für das **Ziel der Stabilisierung** gibt es ein umfangreiches Instrumentarium, das mit Blick auf die Konjunktur entweder expansiv oder restriktiv wirkt.

	Instrument	Beispiele	konjunkturelle Wirkung
Ausgabenpolitik	Beschleunigung/Ausweitung von Investitionsvorhaben	außerplanmäßige Anschaffung von Schiffen für die Bundesmarine	expansiv
	Infrastrukturmaßnahmen	Neubau einer Autobahn	expansiv
	Senkung/Verschiebung öffentlicher Ausgaben	Aufschub eines geplanten Autobahnneubaus	restriktiv
Einnahmenpolitik	steuerliche Entlastung der privaten Haushalte	Senkungen von Einkommensteuer und/oder Umsatzsteuer	expansiv
	steuerliche Belastung der privaten Haushalte	Erhöhungen von Einkommensteuer und/oder Umsatzsteuer	restriktiv
	steuerliche Entlastung der Unternehmen	– Senkungen von Körperschaftsteuer und/oder Gewerbesteuer – Verbesserung der Abschreibungsbedingungen, z. B. Anhebung der linearen Abschreibungssätze bzw. Verkürzung der Abschreibungsdauer	expansiv
	steuerliche Belastung der Unternehmen	– Erhöhungen von Körperschaftsteuer und/oder Gewerbesteuer – Verschärfung der Abschreibungsbedingungen, z. B. Minderung der linearen Abschreibungssätze bzw. Verlängerung der Abschreibungsdauer	restriktiv
Budgetpolitik	Inkaufnahme von Haushaltsdefiziten und deren Finanzierung durch Kreditaufnahme am Kapitalmarkt	Ausgabenerhöhung und/oder Einnahmensenkung bei gleichzeitiger Ausgabe von Schuldverschreibungen zur Finanzierung des Defizits (Deficitspending)	expansiv
	Bildung/Stilllegung von Haushaltsüberschüssen	Einnahmenerhöhung und/oder Ausgabensenkung	restriktiv

5.6 Grenzen staatlicher Einnahmen- und Ausgabenpolitik

In der Bundesrepublik Deutschland sind die Möglichkeiten des Staates begrenzt, durch expansive Maßnahmen Einfluss auf die Konjunkturlage zu nehmen.

formelle Grenzen der Ausgabenpolitik

Artikel 115 Grundgesetz

- begrenzt die Neuverschuldung *des Bundes.*
- legt fest, dass die Einnahmen aus Krediten die Summe der im Haushaltsplan veranschlagten Investitionsausgaben grundsätzlich nicht überschreiten darf.
- Ausnahmen nur zulässig, um eine Störung des gesamtwirtschaftlichen Gleichgewichts abzuwehren.

Regelungen des europäischen Stabilitäts- und Wachstumspakts

- begrenzen die
  - Neuverschuldung und die
  - Gesamtverschuldung

  aller öffentlichen Haushalte.
- Neuverschuldung jährlich maximal 3 % des nominalen BIP
- Gesamtverschuldung maximal 60 % des nominalen BIP

Kritikpunkte an steigender und hoher Staatsverschuldung	
Umwandlung von privatem Sparkapital in öffentlichen Konsum, falls die Kredite vorwiegend zur Finanzierung von staatlichem Konsum dienen	– Privates Sparkapital „versickert" in Staatsanleihen, finanziert damit öffentlichen Konsum und steht für Investitionszwecke nicht mehr zur Verfügung.
Belastung des Kapitalmarkts	– Der Staat tritt als zusätzlicher Nachfrager auf den Kapitalmarkt. – Bei gleichbleibendem Angebot an Geld erhöht sich das Zinsniveau am Kapitalmarkt. – Durch das erhöhte Zinsniveau werden private Emittenten abgeschreckt.
Generationen-Argument	– Staatliche Kreditaufnahmen begünstigen die gegenwärtige Generation (in Form der damit finanzierten „Projekte") und belasten die zukünftigen Generationen (in Form der zu tragenden Zins- und Tilgungslasten).
Einschränkung des finanzpolitischen Spielraums	– Steigende Zinslast belastet die öffentlichen Haushalte. – Als Folge sind Kürzungen anderer Positionen der Haushalte notwendig, z. B. Erhaltungsinvestitionen.
psychologische Rückwirkungen	– Gefahr aufkommender Zweifel an der Kreditwürdigkeit und Zahlungsfähigkeit des Staates – Gefahr der Verschlechterung des Ratings der Anleihen des Staates und damit Gefahr weiterer Erhöhungen der Zinslasten bei Aufnahme weiterer Kredite

6 Außenwirtschaftliches Gleichgewicht

6.1 Außenwirtschaftliches Gleichgewicht als Ziel der Wirtschaftspolitik

Das **außenwirtschaftliche Gleichgewicht** ist eines der vier Ziele des Stabilitäts- und Wachstumsgesetzes. Als Indikator für das außenwirtschaftliche Gleichgewicht dient der **Außenbeitrag, d.h. der Saldo aus Einnahmen und Ausgaben im Güter- und Dienstleistungsverkehr mit dem Ausland**. Er soll möglichst ausgeglichen sein.

6.2 Zahlungsbilanz

Alle Transaktionen des Waren-, Dienstleistungs- und Kapitalverkehrs zwischen Inländern und Ausländern innerhalb einer Wirtschaftsperiode werden in der **Zahlungsbilanz** bzw. in ihren Teilbilanzen erfasst.

Zahlungsbilanz	
Aufgabe	Die Zahlungsbilanz gibt Aufschluss über – die Kapital- und Devisenströme, – die Veränderungen der Währungsreserven, – die Gläubiger- bzw. Schuldnerposition eines Landes.
Aufbau	– Wirtschaftlich ähnliche Transaktionen werden in verschiedenen Teilbilanzen zusammengefasst. – Auf der Aktivseite der Zahlungsbilanz erscheinen alle Transaktionen mit dem Ausland, die aus der Sicht des Inlandes mit Zahlungseingängen verbunden sind, auf der Passivseite werden die entsprechenden Zahlungsausgänge erfasst.
Buchungssystematik	– Die Zahlungsbilanz wird nach dem Prinzip der doppelten Buchführung geführt, d.h., jede Transaktion wird durch Buchung und Gegenbuchung erfasst. Die Zahlungsbilanz ist daher rechnerisch stets ausgeglichen (formaler Zahlungsbilanzausgleich). – Ungleichgewichte können aber in den einzelnen Teilbilanzen entstehen.

Wichtige Posten der Zahlungsbilanz

A. Leistungsbilanz
  1. Außenhandel
     Ausfuhr (fob)
     – Einfuhr (cif)
     = Saldo
  2. Dienstleistungen (Saldo)
  3. Erwerbs- und Vermögenseinkommen (Saldo)
  4. Laufende Übertragungen (Saldo)

B. Saldo der Vermögensübertragungen

C. Kapitalbilanz
  1. Direktinvestitionen
  2. Wertpapiere
  3. Finanzderivate
  4. Übriger Kapitalverkehr
  5. Veränderungen der Währungsreserven

D. Saldo der statistisch nicht aufgliederbaren Transaktionen (Restposten)

Teilbilanzen der Zahlungsbilanz

- **Leistungsbilanz**
  - Handelsbilanz
  - Dienstleistungsbilanz
  - Bilanz der Erwerbs- und Vermögenseinkommen
  - Bilanz der laufenden Übertragungen
- **Bilanz der Vermögensübertragungen**
- **Kapitalbilanz**
- **Bilanz der nicht aufgliederbaren Transaktionen (Restposten)**

Inhalte der Teilbilanzen

Teilbilanz	Inhalte
Leistungsbilanz	Sie erfasst in ihren Unterbilanzen alle grenzüberschreitenden Transaktionen einer Wirtschaftsperiode aus dem Warenhandel, den Dienstleistungen, aus der Bereitstellung der Produktionsfaktoren Arbeit und Kapital sowie aus laufenden Transferzahlungen.
Handelsbilanz	Sie erfasst alle Warenexporte mit ihren fob- und alle Importe mit ihren cif-Werten, ferner alle grenzüberschreitenden Lohnveredelungen. Sind die Exporte höher als die Importe, liegt eine **aktive Handelsbilanz** vor, übersteigen die Importe die Exporte, so liegt eine **passive Handelsbilanz** vor.
Dienstleistungsbilanz	Sie erfasst Einnahmen und Ausgaben für Reiseverkehrsleistungen, Transportleistungen, Versicherungsleistungen, Telekommunikationsleistungen, Bankleistungen und andere Dienstleistungen zwischen In- und Ausländern sowie aus dem Transithandel. Sind die Einnahmen höher als die Ausgaben, ist die Dienstleistungsbilanz **aktiv**, sind die Einnahmen niedriger als die Ausgaben, ist die Dienstleistungsbilanz **passiv**.
Bilanz der Erwerbs- und Vermögenseinkommen	Sie erfasst Arbeitseinkommen und Kapitalerträge, die Ausländern aus dem Inland und Inländern aus dem Ausland zufließen, z. B. Löhne, Zinsen und Dividenden. Die Bilanz hat einen **positiven Saldo**, wenn die aus dem Ausland zufließenden Erwerbs- und Vermögenseinkommen höher sind als die aus dem Inland in das Ausland fließenden Einkommen.
Bilanz der laufenden Übertragungen	Sie erfasst alle regelmäßigen Geld- und Sachleistungen in das Ausland bzw. aus dem Ausland, denen keine direkten Leistungen gegenüberstehen, z. B. Rentenzahlungen an im Ausland lebende Deutsche, Unterstützungszahlungen ausländischer Arbeitskräfte an ihre Familien in der Heimat.
Bilanz der Vermögensübertragungen	Sie erfasst alle einmaligen Übertragungen, wie z. B. Erbschaften, Schenkungen, Schuldenerlasse.
Kapitalbilanz	Sie erfasst alle grenzüberschreitenden Finanztransaktionen, die nicht unmittelbar durch Zahlungen für Waren- und Dienstleistungsgeschäfte oder Übertragungsleistungen entstehen. Sie wird nach folgenden Kategorien unterteilt: – Direktinvestitionen, z. B. Unternehmenskäufe und -verkäufe, Immobilienerwerbe – grenzüberschreitende Wertpapierkäufe und -verkäufe – grenzüberschreitende Käufe und Verkäufe von Finanzderivaten – übriger Kapitalverkehr, z. B. grenzüberschreitende Finanz- und Handelskredite, Bankguthaben – Veränderung der Währungsreserven
Bilanz der nicht aufgliederbaren Transaktionen (Restposten)	Meldefehler, Meldefreigrenzen, anonyme grenzüberschreitende Transaktionen u. Ä. führen zur unvollständigen statistischen Erfassung.

Die Zahlungsbilanz für die Bundesrepublik Deutschland wird von der Deutschen Bundesbank, die Zahlungsbilanz für die Eurozone von der Europäischen Zentralbank erstellt.

Zahlungsbilanzgleichungen	
Leistungsbilanzsaldo	Handelsbilanzsaldo + Dienstleistungsbilanzsaldo + Erwerbs- und Vermögenseinkommenssaldo + Saldo der laufenden Übertragungen
Außenbeitrag zur Bestimmung des Bruttoinlandsprodukts	Handelsbilanzsaldo + Dienstleistungsbilanzsaldo
Außenbeitrag zur Bestimmung des Bruttonationaleinkommens	Handelsbilanzsaldo + Dienstleistungsbilanzsaldo + Erwerbs- und Vermögenseinkommenssaldo

6.3 Zahlungsbilanzungleichgewichte

Zahlungsbilanzungleichgewichte

Zahlungsbilanzüberschüsse

Beispiele:
- aktive Handelsbilanz (Exporte > Importe)
- aktive Dienstleistungsbilanz (Einnahmen > Ausgaben)

Zahlungsbilanzdefizite

Beispiele:
- passive Handelsbilanz (Importe > Exporte)
- passive Dienstleistungsbilanz (Ausgaben > Einnahmen)

Zahlungsbilanzüberschüsse	
Ursachen (Beispiele)	**Wirkungen**
– **aktive Handelsbilanz oder aktive Dienstleistungsbilanz** Gründe: • Im Inland erstellte Waren und Dienstleistungen sind billiger als ausländische, d. h. Kostenvorteile bei Exporten. • Inlandsprodukte sind technisch ausgereifter, daher erhöhte Nachfrage aus dem Ausland. • exportfreundlicher Wechselkurs, d. h. schwacher Außenwert der Binnenwährung – **aktive Bilanz der Erwerbs- und Vermögenseinkommen** Gründe: • Viele Inländer arbeiten im Ausland. • hohe Zins- und Dividendenerträge aus Auslandsanlagen – **aktive Bilanz der laufenden Übertragungen** Gründe: • hohe Zahlungseingänge aus der Entwicklungshilfe oder von internationalen Fonds	– binnenwirtschaftlich 1. Die inländische Geldmenge steigt. 2. Das inländische Zinsniveau fällt. 3. Die Beschäftigung nimmt zu. 4. Bei Vollbeschäftigung kann es zu Preissteigerungen kommen (importierte Inflation). – außenwirtschaftlich Der Außenwert des Geldes steigt.

Zahlungsbilanzdefizite	
Ursachen (Beispiele)	**Wirkungen**
– **passive Handelsbilanz oder passive Dienstleistungsbilanz** Gründe: • Inlandswaren und Dienstleistungen sind teurer als ausländische, daher hohe Importe. • Inlandsprodukte sind veraltet oder technisch unausgereift, daher geringe Exporte, aber hohe Importe. • exportfeindlicher Wechselkurs, d. h. hoher Außenwert der Binnenwährung – **passive Bilanz der Erwerbs- und Vermögenseinkommen** Gründe: • hoher Anteil ausländischer Arbeitskräfte • hohe Zins- und Dividendenzahlungen an ausländische Investoren – **passive Bilanz der laufenden Übertragungen** Gründe: • hohe regelmäßige Heimatüberweisungen von Gastarbeitern	– binnenwirtschaftlich 1. Die inländische Geldmenge sinkt. 2. Das Zinsniveau steigt. 3. Die Beschäftigung nimmt ab. 4. Die Preissteigerungsraten sind rückläufig. – außenwirtschaftlich Der Außenwert des Geldes sinkt.

Maßnahmen zur Beseitigung anhaltender Zahlungsbilanzdefizite

Maßnahmen bei Zahlungsbilanzüberschüssen

Beispiele:
- **güterwirtschaftliche Maßnahmen:**
  - Exportdrosselung, z. B. durch Einführung von Exportkontingenten und Abschaffung von Steuererleichterungen, von Exportsubventionen oder von Zinsvergünstigungen bei Exportfinanzierungen
  - Importförderung, z. B. durch Senkung von Importzöllen oder Abschaffung von Importkontingenten
- **monetäre Maßnahmen:**
  - Aufwertung der Inlandswährung

Maßnahmen bei Zahlungsbilanzdefiziten

Beispiele:
- **güterwirtschaftliche Maßnahmen:**
  - Exportförderung, z. B. durch Aufhebung von Exportkontingenten und Einführung von Steuererleichterungen, Exportsubventionen oder Zinsvergünstigungen bei Exportfinanzierungen
  - Importbeschränkungen, z. B. durch Einführung oder Anhebung von Importzöllen oder Importkontingenten
- **monetäre Maßnahmen:**
  - Abwertung der Inlandswährung

6.4 Außenwert des Geldes

Der Außenwert des Geldes ergibt sich aus dem Wertverhältnis verschiedener Währungen untereinander. Der Außenwert einer Währung drückt sich im Wechselkurs aus.

Wechselkursnotierungen

Mengennotierung

- stellt fest, wie viele ausländische Währungseinheiten für eine oder 100 inländische Währungseinheiten gezahlt werden.
- Feste Bezugseinheit ist die Inlandswährung.

Beispiel: *1 Euro = 1,50 US-Dollar*

Preisnotierung

- stellt fest, welcher Preis in inländischer Währung für eine oder 100 ausländische Währungseinheiten zu zahlen ist.
- Feste Bezugseinheit ist die Auslandswährung.

Beispiel: *1 US-Dollar = 0,67 Euro*

Üblicherweise wird der Außenwert des Euro in der *Mengennotierung* festgestellt.

Wechselkurssysteme

freie Wechselkurse

- Austauschverhältnisse zwischen den Währungen bilden sich durch Angebot und Nachfrage auf den Devisenmärkten.

Beispiel:
Euro/US-Dollar

bandbreitenfixierte Wechselkurse

- Austauschverhältnisse zwischen den Währungen werden durch Paritäten und Schwankungsbreiten (Höchst- und Niedrigstkurse) bestimmt.
- Innerhalb der Bandbreite bilden sich die Wechselkurse durch Angebot und Nachfrage auf den Devisenmärkten.
- Bei Erreichen des Höchstkurses bzw. Niedrigkurses intervenieren die Zentralbanken. Die Höchst- und Niedrigstkurse werden daher auch Interventionspunkte genannt.

Beispiel
Wechselkursmechanismus II

feste Wechselkurse

- Die Devisenkurse verändern sich nicht.
- Alle Fremdwährungsbeträge, die angeboten oder nachgefragt werden, muss die Zentralbank zum festen Kurs aufnehmen oder abgeben.

Wechselkursmechanismus II (WKM II) bzw. Europäisches Währungssystem II (EWS II)

Aufgabe	Die Wechselkursrisiken der beteiligten Währungen sollen kalkulierbar werden. Der Euro hat die Funktion der Leit- oder Ankerwährung, sodass die Paritäten (Leitkurse) für die Währungen der beteiligten Staaten an den Euro geknüpft werden.
Schwankungs-spielraum	Die Standardbandbreite beträgt ± 15 Prozent um die Leitkurse. Bei erfolgreichen Konvergenzbemühungen sind für einzelne Währungen engere Bandbreiten möglich. Beispiel 1: *estnische Krone (EEK)* *Leitkurs: 15,6466 EEK = 1 Euro* *oberer Interventionspunkt:* 17,9936 (+ 15 %) *unterer Interventionspunkt:* 13,2996 (– 15 %) Beispiel 2: *dänische Krone (DKK)* *Leitkurs: 7,46038 DKK = 1 Euro* *oberer Interventionspunkt:* 7,62824 (+ 2,25 %) *unterer Interventionspunkt:* 7,29252 (– 2,25 %)
Intervention der Notenbanken (am Beispiel der dänischen Krone)	– Erreicht der Wechselkurs den oberen Interventionspunkt, muss • die Europäische Zentralbank dänische Kronen kaufen, • die dänische Notenbank Euro verkaufen. – Erreicht der Wechselkurs den unteren Interventionspunkt, muss • die Europäische Zentralbank dänische Kronen verkaufen, • die dänische Notenbank Euro kaufen. **Aber:** Die EZB ist gemäß ihrer Satzung zum Intervenieren im Rahmen des WKM II nur dann verpflichtet, wenn durch die Interventionen keine Gefahren für die Stabilität des Preisniveaus hervorgerufen werden.

Auf- und Abwertungen von Währungen (am Beispiel des Euro)

Aufwertung des Euro

Ursache:
steigende Nachfrage nach Euro am Devisenmarkt bzw. sinkende Nachfrage nach Fremdwährung

Abwertung des Euro

Ursache:
sinkende Nachfrage nach Euro am Devisenmarkt bzw. steigende Nachfrage nach Fremdwährung

Auswirkungen von Auf- und Abwertungen (am Beispiel Euro/US-Dollar)

Aufwertung des Euro bzw. Abwertung des US-Dollars

alter Kurs: 1 Euro = 1,30 US-Dollar
neuer Kurs: 1 Euro = 1,50 US-Dollar

Mögliche Folgen der Euro-Aufwertung:
- Exporte in den Dollarraum werden teurer und gehen tendenziell zurück.
- Importe aus dem Dollarraum werden günstiger und steigen tendenziell.
- Touristen aus dem europäischen Währungsraum können günstiger Urlaub in den USA machen.
- Rückzahlungen aus US-Dollar-Anleihen führen zu Verlusten beim Umtausch in Euro.

Abwertung des Euro bzw. Aufwertung des US-Dollars

alter Kurs: 1 Euro = 1,50 US-Dollar
neuer Kurs: 1 Euro = 1,20 US-Dollar

Mögliche Folgen der Euro-Abwertung:
- Exporte in den Dollarraum werden billiger und steigen tendenziell.
- Importe aus dem Dollarraum werden teurer und gehen tendenziell zurück.
- Amerikanische Touristen können günstiger Urlaub in Euroland machen.
- Rückzahlungen aus US-Dollar-Anleihen führen beim Umtausch in Euro zu Gewinnen.

6.5 Europäische Wirtschafts- und Währungsunion (EWWU)

Teilnehmer	**Start am 1. Januar 1999 mit 11 Ländern:** Belgien, Deutschland, Finnland, Frankreich, Irland, Italien, Luxemburg, Niederlande, Österreich, Portugal, Spanien **Erweiterung:** Griechenland (01.01.2001), Slowenien (01.01.2007), Malta und Zypern (01.01.2008), Slowakei (01.01.2009)
Teilnahmebedingungen (Eintrittskriterien)	**Wirtschaftliche, monetäre und fiskalische Konvergenz mit den anderen EWWU-Staaten.** Dazu müssen vier Kriterien erfüllt werden: **1. Inflationskriterium:** Die Inflationsrate darf nicht mehr als 1,5 % über der durchschnittlichen Rate der drei preisstabilsten Länder liegen. **2. Verschuldungs- und Defizitkriterium:** Die Gesamtverschuldung der öffentlichen Haushalte darf maximal 60 % des nominalen BIP betragen. Die jährliche Neuverschuldung darf maximal 3 % des nominalen BIP betragen. **3. Zinskriterium:** Der Zins für langfristige Anlagen darf (seit mindestens einem Jahr) nicht mehr als 2 % über dem der drei preisstabilsten Länder liegen. **4. Wechselkurskriterium:** Die Währung des Landes muss in den beiden letzten Jahren ohne Abwertung in den Bandbreiten des WKM II gelegen haben.
Europäischer Stabilitäts- und Wachstumspakt	– wurde im Jahr 1997 ausgehandelt – verlangt von den teilnehmenden Ländern eine anhaltende hohe finanzpolitische Disziplin – verlangt, dass die EWWU-Staaten mittelfristig ausgeglichene oder sogar Überschüsse aufweisende öffentliche Gesamthaushalte erreichen – Die Einhaltung des Verschuldungs- und Defizitkriteriums wird jährlich für jeden Staat überprüft. – Gegen Mitgliedsländer, die übermäßige Defizite bzw. Verschuldungsstände nicht rasch genug korrigieren, sind finanzielle Sanktionen möglich.

7 Wirtschaftspolitische Grundkonzepte

Grundkonzepte der Wirtschaftspolitik

Fiskalismus oder Keynesianismus

Urheber:
John Maynard Keynes
Grundidee:
- Das marktwirtschaftliche System neigt zur Instabilität.
- Vorrangiges Ziel der Wirtschaftspolitik ist Vollbeschäftigung.
- Die gesamtwirtschaftliche Produktion und damit die Beschäftigung werden durch die gesamtwirtschaftliche Nachfrage bestimmt.
- Zur Überwindung von Unterbeschäftigung und Ankurbelung der Nachfrage muss der Staat mit staatlichen Ausgabenprogrammen eingreifen.
- Die staatlichen Mehrausgaben sollen eine Initialzündung sein, die den Pessimismus bei Investoren und Konsumenten abbaut und das Vertrauen in die Zukunft stabilisiert.
- Autonome Investitionen erzeugen ein Vielfaches an Einkommens- und Beschäftigungswirkungen (Multiplikatoreffekt). Gestiegene Einkommen erhöhen die Nachfrage und regen zu neuen Investitionen an, wenn die bisherigen Kapazitäten ausgelastet sind (Akzeleratoreffekt).

Monetarismus

Urheber:
Milton Friedman
Grundidee:
- Das marktwirtschaftliche System ist grundsätzlich stabil.
- Staat und Notenbank sollen auf konjunkturpolitische Eingriffe und Reglementierungen verzichten.
- Vorrangiges Ziel der Wirtschaftspolitik ist Wachstum im Gleichgewicht.
- Wirtschaftswachstum wird durch das gesamtwirtschaftliche Angebot bestimmt. Angebot schafft Nachfrage und damit Beschäftigung.
- Inflation und Deflation sind Folge einer Fehlsteuerung der Geldmenge. Die Notenbank hat für eine wachstumsorientierte Geldmenge Sorge zu tragen.

Strategien der Wirtschaftspolitik

nachfrageorientierte Wirtschaftspolitik

Ziel: Stabilisierung der gesamtwirtschaftlichen Nachfrage
Schlüsselrolle: Finanzpolitik

angebotsorientierte Wirtschaftspolitik

Ziel: Förderung des Wirtschaftswachstums
Schlüsselrolle: Geldpolitik

Nachfrageorientierte Wirtschaftspolitik des Staates

Hauptziel	kurzfristiges gesamtwirtschaftliches Gleichgewicht	
Grundannahme	Die Gesamtnachfrage bestimmt das Einkommens- und Beschäftigungsniveau.	
Lage	Rezession, Depression	Boom, Hochkonjunktur
beabsichtigte Wirkungen	Erhöhung der gesamtwirtschaftlichen Nachfrage	Dämpfung der gesamtwirtschaftlichen Nachfrage

Fortsetzung der Übersicht von S. 119

Nachfrageorientierte Wirtschaftspolitik des Staates

wesentliche Instrumente des Staates	– zusätzliche öffentliche Ausgaben (zumeist kreditfinanziert) – Beschleunigung geplanter öffentlicher Vorhaben – Steuersenkungen – Senkung von Steuerbemessungsgrundlagen – Verbesserung von Abschreibungsmöglichkeiten für Unternehmen – Erhöhung von Transferzahlungen – Exportförderung	– Stilllegung staatlicher Nachfrage durch Bildung einer Konjunkturausgleichsrücklage – Streckung öffentlicher Investitionen – Steuererhöhungen – Anpassung von Steuerbemessungsgrundlagen – Einschränkung von Abschreibungsmöglichkeiten – Einschränkung von Transferzahlungen – Einschränkung der Exportförderung
flankierende Maßnahmen anderer Wirtschaftsteilnehmer (Beispiele)	**Notenbank:** Erhöhung der Bankenliquidität, um Kreditaufnahmen der Unternehmen zu erleichtern durch: – Senkung der Leitzinsen – Senkung der Mindestreservesätze **Tarifpartner**: – Lohnerhöhungen über den Produktivitätsfortschritt hinaus	**Notenbank:** Verknappung der Bankenliquidität durch: – Erhöhung der Leitzinsen – Maßnahmen zur Liquiditätsabschöpfung **Tarifpartner:** – Verzicht auf Lohnerhöhungen
Probleme nachfrageorientierter Wirtschaftspolitik	– Internationale Verflechtungen und Globalisierung begrenzen die Wirkungen nationaler Konjunkturprogramme. – Der nationalen Finanzpolitik der EU-Mitglieder sind durch die im Maastrichter Vertrag festgelegten Stabilitätskriterien enge Grenzen gesetzt. – Wirkungen staatlicher Konjunkturprogramme entfalten sich erst mit erheblicher zeitlicher Verzögerung. – Deficitspending kann zu struktureller Verschuldung führen. – Öffentliche Haushalte mit bereits bestehender Verschuldung bieten nur wenige Spielräume für kreditfinanzierte autonome Investitionen. – Kontraktive Maßnahmen im Aufschwung und im Boom sind politisch nur schwer durchzusetzen.	

Angebotsorientierte Wirtschaftspolitik des Staates

Hauptziel	mittelfristiges gesamtwirtschaftliches Gleichgewicht
Grundannahme	Die Rentabilität der Unternehmen bestimmt das Einkommens- und Beschäftigungsniveau.
beabsichtigte Wirkungen	Schaffung langfristig stabiler und für private Investitionen günstiger Rahmenbedingungen
wesentliche Instrumente des Staates	– Konsolidierung von Haushaltsdefiziten – Senkung der Steuerlastquote und der Staatsausgaben – Abbau gesetzlicher und bürokratischer Hemmnisse – weitgehende Privatisierung öffentlicher Unternehmen – wirksame Wettbewerbspolitik zur Stärkung der wirtschaftlichen Dynamik – Förderung von Existenzgründungen – Senkung von Investitionsrisiken durch konstante und vorhersehbare Wirtschaftspolitik – Zurückhaltung bei aktiven Eingriffen in den Markt
flankierende Maßnahmen anderer Wirtschaftsteilnehmer (Beispiele)	**Notenbank:** potenzialorientierte Geldpolitik, d. h. die Geldmenge soll stetig mit einer konstanten Rate wachsen **Tarifpartner:** produktivitätsorientierte Lohnpolitik
Probleme angebotsorientierter Wirtschaftspolitik	– Das Konzept erfordert eine stetige, langfristig orientierte Wirtschaftspolitik. Aktuelle Wirtschaftspolitik setzt aber häufig auf öffentlichkeitswirksame kurzfristige Erfolge. – Bestehende Wettbewerbsbeschränkungen, z. B. bürokratische Hemmnisse, Subventionen, Beihilfen, lassen sich nur langsam abbauen. – Maßnahmen, die Leistungsanreize schaffen sollen, z. B. Abbau der Steuerprogression, Reduzierung von Sozialleistungen, werden vielfach als sozial ungerecht empfunden und sind, wenn überhaupt, nur begrenzt umsetzbar.

8 Gerechte Einkommens- und Vermögensverteilung

8.1 Gerechte Einkommens- und Vermögensverteilung als Ziel der Wirtschaftspolitik

Das Ziel einer gerechten Einkommens- und Vermögensverteilung ergibt sich aus der Grundentscheidung der Bundesrepublik Deutschland für die soziale Marktwirtschaft. Es **ist** daher **ein ordnungspolitisches Ziel der Wirtschaftspolitik**.

Einkommen und Vermögen	
Einkommen	Einkommen sind die einer Person zufließenden Geldbeträge, Güter oder Nutzungen, die ohne Schmälerung des Vermögens zur Befriedigung ihrer Bedürfnisse verwendet werden können. Zum Einkommen zählen insbesondere – Arbeitsvergütungen wie Löhne und Gehälter, – Transferzahlungen wie Renten, Pensionen, Arbeitslosen- und Sozialhilfe, – aus anderen Quellen bezogene Einnahmen, wie Kapitalerträge, Mieten, Pachten, Gewinnausschüttungen, Schenkungen, wenn sie zur Befriedigung von Bedürfnissen herangezogen werden können.
Vermögen	Vermögen ist das in Geld bewertbare Eigentum einer Person an Gütern und Rechten, wie z. B. Immobilien, Unternehmensanteile, Wertpapiere, Versicherungen oder Spargelder.
Einkommen wird als Stromgröße pro Periode gemessen, Vermögen wird dagegen als eine Bestandsgröße zu einem bestimmten Zeitpunkt festgestellt.	

Die Frage „Was gilt als gerechte Einkommens- und Vermögensverteilung?" kann nur politisch gelöst werden, da die Wirtschaftssubjekte naturgemäß unterschiedliche Auffassungen dazu haben.

Im Rahmen der Einkommenspolitik kann Verteilungsgerechtigkeit u. a. definiert werden als:
- Marktgerechtigkeit, d. h. das individuelle Einkommen ergibt sich durch Angebot und Nachfrage als Gleichgewichtspreis auf den Märkten für Produktionsfaktoren, insbesondere auf dem Arbeitsmarkt
- Leistungsgerechtigkeit, d. h. jeder soll nach seiner Leistung entlohnt werden
- Faktorengerechtigkeit, d. h. die Verteilung sollte sich nach dem jeweiligen Beitrag der einzelnen Produktionsfaktoren zum jeweiligen Produktionsergebnis richten
- Gleichheitsgerechtigkeit, d. h. jeder Wirtschaftsteilnehmer sollte grundsätzlich, unabhängig von seiner Position und seiner Leistung, das gleiche Einkommen beziehen
- Bedarfsgerechtigkeit, d. h. die Einkommen werden aufgrund der individuellen Bedürfnisse zugeteilt

Für die Vermögenspolitik ist die Frage nach Gerechtigkeit noch komplexer, da
- Vermögen in der Regel über lange Zeiträume gebildet werden,
- in Marktwirtschaften Eigentumsgarantien bestehen,
- die Vermögensarten unterschiedlichen Risiken ausgesetzt sind und Vermögen bei Eintritt solcher Risiken in kurzer Zeit erhebliche Wertverluste erleiden können,
- Kapitaleigentümer mit der Verfügungsgewalt über Produktivvermögen erhebliche Einflüsse auf Arbeitsplätze und Investitionen ausüben können.

8.2 Verteilung der Einkommen und Vermögen

Die **Einkommensverteilung** ergibt sich direkt aus dem Produktionsprozess. Sie spiegelt die Entlohnung der Produktionsfaktoren Arbeit, Boden und Kapital wider.

Einkommensarten

Einkommen aus unselbstständiger Arbeit	Einkommen aus Unternehmertätigkeit und Vermögen
– Arbeitnehmereinkommen • Löhne • Gehälter	– Unternehmereinkommen • Gewinne – Kapitaleinkommen • Zinsen • Dividenden – Bodeneinkommen • Mieten • Pachten

Orientierungsgröße der **Einkommensverteilung** ist der Anteil der Einkommen aus unselbstständiger Arbeit **(Lohnquote)** und Einkommen aus Unternehmertätigkeit und Vermögen **(Gewinnquote)** am Volkseinkommen. Im Rahmen der Tarifpolitik versuchen Gewerkschaften die Lohnquote anzuheben. Bei sonst gleichbleibenden Bedingungen muss dies zu einem Rückgang bei anderen Einkommensarten führen.

Die **Vermögensverteilung** in den Volkswirtschaften ist z. T. historisch bedingt. Sie hängt u. a. von der gewählten Wirtschaftsordnung ab. In der Bundesrepublik Deutschland gelten die Regelungen des Artikels 14 GG:

> „(1) Das Eigentum und das Erbrecht werden gewährleistet. Inhalt und Schranken werden durch die Gesetze bestimmt.
> (2) Eigentum verpflichtet. Sein Gebrauch soll zugleich dem Wohle der Allgemeinheit dienen."

8.3 Maßnahmen der Einkommens- und Vermögenspolitik

In der sozialen Marktwirtschaft der Bundesrepublik Deutschland versucht der Staat mit bestimmten Maßnahmen zur Einkommens- und Vermögensverteilung die historisch und marktmäßig entstandene Verteilung der Einkommen und der Vermögen zu korrigieren.

Maßnahmen der Einkommenspolitik

staatliche Maßnahmen (einschließlich Sozialversicherung)

Maßnahmen der Steuerpolitik

- zur Förderung der Steuergerechtigkeit
- zur Erhöhung der Nettoeinkommen von Arbeitnehmerhaushalten
- zur Sicherung des Existenzminimums

Beispiele:
- progressiver Einkommensteuertarif
- Steuergrundfreibetrag
- Entlastungsbetrag für Alleinerziehende
- Absetzbarkeit von Vorsorgeaufwendungen

Transferzahlungen

- zur Grundversorgung privater Personen
- zur Abfederung außergewöhnlicher Belastungen, z. B. Arbeitslosigkeit
- zur Förderung bildungs- und familienpolitischer Ziele

Beispiele:
- Kindergeld
- Ausbildungsförderung (BAföG)
- Zahlung von Wohngeld
- Rentenzahlungen
- Zahlung von Arbeitslosengeld
- Zahlung von Wohngeld

Subventionen

- zur Förderung von Investitionsvorhaben
- zur Förderung neuer Technologien und Energien
- zur Sicherung von Arbeitsplätzen

Beispiele:
- Zinsverbilligungen, z. B. für Existenzgründerdarlehen
- Steuervergünstigungen, z. B. für Biokraftstoffe
- Zuschüsse, z. B. für den Steinkohleabsatz oder die Installierung von Solaranlagen

tarifpolitische Maßnahmen

Beispiele:
- Vereinbarung von Mindestlöhnen
- Schlechtwettergeld in der Bauindustrie

Maßnahmen der Vermögensbildung sollen vor allem der Altersvorsorge und der Vermögensbildung der Arbeitnehmer dienen.

Maßnahmen der Vermögenspolitik

staatliche Maßnahmen

Maßnahmen der Steuerpolitik

Beispiele:
- Absetzbarkeit von Altersvorsorgeaufwendungen
- Altersvorsorge-Freibetrag
- nachgelagerte Besteuerung von Renteneinkünften

Umverteilung

Beispiel:
- Erbschaftsteuer

Subventionen

Beispiele:
- Arbeitnehmersparzulagen
- Wohnungsbauprämien
- Altersvorsorgezulagen

tarifpolitische Maßnahmen

Beispiele:
- Vereinbarung von vermögenswirksamen Leistungen des Arbeitgebers

9 Erhaltung der natürlichen Lebensgrundlagen

Art. 20a GG verpflichtet den Staat, die natürlichen Lebensgrundlagen auch für die künftigen Generationen zu erhalten. Ziele der Umweltpolitik sind,
- Vorsorge gegen Umweltbelastungen und Umweltschäden zu treffen,
- die Folgen von bereits eingetretenen Umweltschäden zu beseitigen.

Zentrales Leitbild der Umweltpolitik ist das **Prinzip der Nachhaltigkeit**. Alle natürlichen Ressourcen, die der Mensch nutzt, sind grundsätzlich so zu bewirtschaften, dass die natürlichen Lebensgrundlagen nicht zerstört werden und ihr Potenzial auf Dauer erhalten bleibt.

Grundprobleme der Umweltpolitik	
1. Umwelt wird als Konsumgut betrachtet.	Umwelt wird verbraucht, z. B. Naturlandschaft durch Umwandlung in Bauland oder Nutzung für den Straßenbau, Naturseen als Badeanstalten, Flüsse als Entsorgungskanäle für Abwässer, Grundwasser durch Verwendung als Trinkwasser.
2. Umwelt ist Produktionsmittel.	Boden und Bodenschätze werden im Produktionsprozess eingesetzt und verbraucht, z. B. Steinkohle bei der Elektrizitätserzeugung, Erze bei der Erzeugung von Metallen, Ackerland bei der Erzeugung von Nahrungsmitteln, Erdöl für die Erzeugung von Benzin und Dieselkraftstoffen zum Betrieb von Kraftfahrzeugen und Motoren.
3. Umweltschutz verursacht Kosten.	Die Vermeidung und Beseitigung von Umweltschäden verursacht Kosten, z. B. der Einbau von Filtern in Verbrennungsanlagen, die Ausweisung und Pflege von Naturschutzgebieten und Nationalparks, die Behandlung von umweltbedingten Allergien, die umweltschonende Beseitigung von Abfällen.

Bereiche des Umweltschutzes

- **Abfallvermeidung und Abfallminderung**
- **Klimaschutz**
- **Lärmvermeidung und Lärmschutz**
- **Gewässerschutz**
- **Arten- und Landschaftsschutz**

Instrumente der Umweltpolitik

ordnungspolitische Instrumente

Beispiele
- Gebote, z. B. Vorgabe von Immissionswerten, Flächennutzungspläne für Neubaugebiete
- Verbote, z. B. Verbot der Produktion von FCKW
- Emissionshandel, CO_2-Zertifikate
- Umweltverträglichkeitsprüfungen
- Naturschutzmaßnahmen

finanzpolitische Instrumente

Beispiele
- Umweltsteuern, z. B. Ökosteuer, Schwefelsteuer auf Kfz-Kraftstoffe
- Abgaben, z. B. Abwasserabgaben
- Subventionen, z. B. für die Einspeisung von Solarstrom
- Umweltinvestitionen, z. B. Renaturierung von Flussläufen

Selbstverpflichtungen und Information

Beispiele
- Vereinbarungen zur Rücknahme von Verpackungen
- autofreie Sonntage
- Umweltaktionsveranstaltungen
- Veröffentlichung von Umweltbilanzen

Abkürzungsverzeichnis

AGB	Allgemeine Geschäftsbedingungen
BBiG	Berufsbildungsgesetz
BetrVG	Betriebsverfassungsgesetz
BGB	Bürgerliches Gesetzbuch
BIP	Bruttoinlandsprodukt
BSDG	Bundesdatenschutzgesetz
DV	Datenverarbeitung
ESZB	Europäisches System der Zentralbanken
EZB	Europäische Zentralbank
EU	Europäische Union
EWS	Europäisches Währungssystem
EWWU	Europäische Wirtschafts- und Währungsunion
GG	Grundgesetz
GMK-Zins	Geld- und Kapitalmarktzins
GWB	Gesetz gegen Wettbewerbsbeschränkungen
HGB	Handelsgesetzbuch
HVIP	Harmonisierter Verbraucherpreisindex für den Euro-Währungsraum
IT	Informationstechnologie
JAV	Jugend- und Ausbildungsvertretung
Repo	Repurchase Agreement
StGB	Strafgesetzbuch
TVG	Tarifvertragsgesetz
UWG	Gesetz gegen unlauteren Wettbewerb
VPI	Verbraucherpreisindex
WKM	Wechselkursmechanismus